Gestão de Riscos Empresariais

Série de livros sobre CQRM Aplicado

Volume IV

Aplicação da Simulação de Risco Monte Carlo, Opções Reais Estratégicas, Previsão Estocástica, Otimização de Portfólio, Análise de Dados, Business Intelligence e Gestão de Projetos

IIPER Press

IIPER
Press

Johnathan Mun, Ph.D.
Califórnia, EUA

ROV Project Economics Analysis Tool

Este livro é dedicado a Jayden, Emma e Penny.

Num mundo onde o risco e a incerteza abundam,
São as únicas constantes na minha vida.

Dedicado à memória de amor da minha mãe.

Delicie-se com o Senhor e ele conceder-lhe-á os desejos do seu coração.

Salmo 37:4

PRÓLOGO

A **Série de Livros CQRM Aplicado** discute como aplicar análises avançadas, contidas no programa Certificação em Gestão Quantitativa de Risco (CQRM), para problemas de negócios da vida real. No Volume IV, demonstramos como essas análises podem ser aplicadas no contexto da Gestão de Riscos de Negócios, utilizando registros de risco qualitativos e ampliando resultados por meio de métodos analíticos quantitativos.

As aplicações pragmáticas são enfatizadas para desmistificar os elementos que não estão qualificando à análise de risco. Uma caixa preta continuará a ser uma caixa preta se ninguém conseguir entender os conceitos, apesar de seu poder e aplicabilidade. Até que os métodos da caixa preta se tornem transparentes, para que os pesquisadores possam entender, aplicar e convencer outros de seus resultados, seu valor agregado e aplicabilidade, é que as abordagens receberão ampla atenção. Essa transparência é alcançada através das aplicações passo a passo da modelagem quantitativa, bem como a apresentação de múltiplos casos e discussão sobre aplicações na vida real.

Este livro destina-se àqueles que completaram o programa de certificação CQRM; mas também pode ser consultado por aqueles familiarizados com métodos básicos de pesquisa quantitativa, há algo para todos! É um texto igualmente aplicável no segundo ano de um MBA/MS ou no nível introdutório de um Doutorado. Os exemplos do livro exigem conhecimento prévio do tema.

Para obter informações adicionais sobre o programa CQRM, acesse os seguintes sites:

www.iiper.org

www.realoptionsvaluation.com

www.rovusa.com

v

Prof. Dr. **Johnathan C. Mun é** o fundador, presidente e CEO da Real Options Valuation, Inc. (ROV), uma empresa localizada ao norte do Vale do Silício, Califórnia e focada em consultoria, treinamento e desenvolvimento de software. Especializada em opções reais estratégicas, avaliação financeira, simulação de risco Monte Carlo, previsão estocástica, otimização, análise de decisões, business intelligence, sistemas analíticos para seguros de saúde, gestão de riscos de negócios, gerenciamento de riscos de projetos, métodos de pesquisa quantitativa e análise de riscos. A ROV tem parceiros e consultores em vários continentes, tais como: **África**: África do Sul, Gana, Nigéria, **América do Sul**: Argentina, Brasil, Colômbia, Peru, Venezuela, **América Central**: Porto Rico, **América do Norte**: EUA/ *Chicago, Nova York,* México /*Cidade do México,* **Ásia:** Arábia Saudita, China/ *Pequim, Hong Kong, Xangai,* Cingapura, Coreia do Sul, Índia, Japão, Malásia, Rússia, **Europa:** Eslovênia, Espanha, Itália, Reino Unido e Suíça /*Zurique,* entre outros. ROV também tem um escritório local em Xangai.

Por sua vez, o Dr. Mun preside o Instituto Internacional de Educação Profissional e Pesquisa (IIPER), uma organização globalmente credenciada, composta por professores de grandes universidades do mundo e que fornece Certificação em Gestão Quantitativa de Riscos (CQRM) e Certificação em Gestão de Riscos (CRM), entre outras.

Dr. Mun é o criador de várias ferramentas de software poderosas, incluindo: Risk Simulator, Real Options SLS Super Lattice Solver, Modeling Toolkit, Project Economics Analysis Tool (PEAT), ALM: Credit Market Operational Liquidity Risk (CMOL), Equity Options Assessment of Employees, ROV BizStats, ROV Modeler Suite (Basel Credit Modeler, Risk Modeler, Optimizer e Valuator), ROV Compiler, ROV Extractor and Evaluator, ROV Dashboard, ROV Quantitative Data Miner e outros softwares de aplicação de aplicativos, bem como DVD de treinamento de análise de risco ROV. Realiza seminários públicos sobre análise de riscos e programas de CQRM. Possui mais de 21 patentes registradas e pendentes em todo o mundo. Escreveu mais de 26 livros publicados por John Wiley & Sons, Elsevier Science, IIPER Press, e ROV Press, incluindo múltiplos volumes da Série Aplicada CQRM (IIPER Press, 2019-2020), *Modelagem de Risco, Aplicação de Simulação de Monte Carlo, Opções Estratégicas Reais, Previsões Estocásticas, Otimização de Portfólio, Análise de Dados, Business Intelligence e Modelagem de Decisões*, Primeira Edição (Wiley, 2006), Segunda Edição (Wiley, 2010) e Terceira Edição (ROV Press, 2015); *Manual do Banqueiro sobre Risco de Crédito* (2008); *Modelos Analíticos Avançados: 250 aplicações sob o Acordo de Basileia para Wall Street e Além* (Wiley 2008 e Thomson-Shore 2016); *Análise de Opções Reais: Ferramentas e Técnicas*, Primeira Edição 2003, Segunda Edição 2005, Terceira Edição (2016); Curso de Análise de Opções *Reais: Casos de Negócios* (2003); *Análise de Risco Aplicado: Ultrapassando a incerteza* (2003) e *Valorizando as Opções de Ações de Funcionários* (2004).

Seus livros e softwares são usados em mais de 350 das melhores universidades do mundo, incluindo: Instituto Bern na Alemanha, Universidade Chung-Ang na Coréia do Sul, Universidade de Georgetown, ITESM no México, MIT, American Navy Graduate School, New York University, Estocolmo University na Suécia, University de Andes no Chile, University of Chile, University of Hull, University of Pennsylvania Escola Wharton, Nova Iorque.

Atualmente, o Dr. Mun é professor de risco, finanças e economia. Lecionou cursos de gestão financeira, investimentos, opções reais, economia e estatística na universidade e pós-graduação no nível do MBA, Mestrado em Administração de Empresas e Doutorado. Lecionou em universidades de vários países, como a Naval Postgraduate School dos EUA (Monterrey, Califórnia) e a Universidade de Ciências Aplicadas (Suíça e Alemanha) como professor titular, Golden Gate University (Califórnia) e Universidade de St. Mary (Califórnia). a Ele orientou várias teses de graduação em pesquisas dentro dos comitês de MBA e dissertação de Doutorado. Também ministra cursos públicos semanais em Análise de Riscos, Análise de Opções Reais e Análise de Risco para Gestores, onde os participantes podem obter certificações de conclusão de CRM e CQRM. É sócio principal do Magellan Center e é membro do Conselho de Padronização da Academia Americana de Gestão Financeira.

Foi Vice-Presidente de Análises da Decisioneering, Inc., onde liderou o desenvolvimento software de opções e de análise financeira, consultoria analítica, treinamento e suporte técnico e onde também foi o criador do software *Real Options Analysis Toolkit*, mais antigo e menos poderoso que o antecessor SLS Opções Reais. Antes de ingressar no Decisioneering, foi Consultor e Economista Financeiro na área de Avaliação Global e Serviços Financeiros da KPMG Consultoria e Gerente de Serviços de Consultoria Econômica da KPMG LLP.

Possui vasta experiência em modelagem econométrica, análise financeira, opções reais, análise econômica e estatística. Durante seu mandato na Real Options Valuation, Inc., Decisioneering e KPMG Consulting, ele ensinou e assessorou diversas questões relacionadas a opções reais, análise financeira, previsão financeira, gerenciamento de projetos e avaliação financeira para mais de 100 empresas multinacionais (entre seus clientes anteriores e atuais estão: 3M, Airbus, Boeing, BP, Chevron Texaco, Financial Accounting Standards Board, Fujitsu, GE, Goodyear, Microsoft, Northropthrop , Pfizer, Timken, Departamento de Defesa dos EUA, Marinha dos EUA e Veritas, entre muitos outros). Antes de ingressar na KPMG, trouxe uma experiência como Diretor de Planejamento Financeiro e Análises da Viking Inc. e na FedEx, fez previsões financeiras, análise econômica e trabalho de pesquisa de mercado. Antes disso, trabalhou de forma independente em planejamento financeiro e consultoria.

Dr. Mun é Doutor em finanças e economia pela Universidade de Lehigh, onde suas áreas de pesquisa e interesse acadêmico têm girado em torno de investimento financeiro, modelagem econométrica, opções financeiras, finanças corporativas e teoria microeconômica. Também é Bacharel em Ciências da Gestão e Graduado em Ciências da Gestão (BS) em Biologia e Física. É certificado em Gestão de Riscos Financeiros, Consultoria Financeira e Gestão Quantitativa de Riscos. É membro da *American Mensa, Phi Beta Kappa Honor Society* e *Golden Key Honor Society*, bem como muitas outras organizações profissionais, como as Associações Financeiras do Leste e do Sul, a *American Economics Association* e a International *Association of Risk Professionals*.

Além disso, o Dr. Mun escreveu muitos artigos acadêmicos que foram publicados em: *Journal of Expert Systems with Applications; Revista de Investigação de Aquisição de Defesa; Instituto Americano de Procedimentos Físicos; Investigação de Aquisições; Revisão dos avanços em Contabilidade Quantitativa e Finanças; Global Finance Journal; Revisão Financeira Internacional; Journal of Financial Analysis; Revista de Economia Financeira Aplicada; Journal of International Financial Markets, Institutions and Money;*

Notícias de Engenharia Financeira; e *Journal of the Society of Petroleum Engineers.* Finalmente, ele contribuiu com dezenas de capítulos de livros e escreveu mais de cem artigos técnicos, boletins informativos, estudos de caso e artigos de pesquisa para Real Options Valuation, Inc.

JohnathanMun@cs.com São Francisco

Sobre o Tradutor

Prof. **Nelson Rodrigues de Albuquerque** – Análise de Projetos e Riscos Corporativos. Engenheiro Eletrônico PUC-Rio, MBA Executivo pela COPPEAD/UFRJ, Mestre em Administração IBMEC-RJ e Doutor em Engenharia Elétrica / Especialista em Métodos de Apoio à Decisão e Gestão Quantitativa de Risco. Profissional Certificado pelo IIPER-USA. Na área académica: coordenador de cursos *in-Company* do IBMEC-RJ; Pesquisador do Laboratório de Inteligência Aplicada-ICA do DEE-PUC-Rio); consultor CTC-PUC-Rio. Ministrou cursos avulsos na Universidade Estácio de Sá (Niterói-RJ) / Pós-Graduação, na FUNENSEG/ENS-Rio, e na Universidade Federal do Rio Grande do Sul – UFRGS - Dpto. Metalurgia. Coorientador de candidato a Doutorado da UFRGS/PPGE3M. Atualmente é professor da Universidade Brasília-**UnB** / Departamento de Ciência da Computação (admissão março de 2020) e professor do Instituto Brasileiro de Executivos de Finanças – IBEF-Rio.

Pesquisador: Coordenou e/ou participou de projetos de pesquisa para: MME, USAID, Banco Mundial, PNUD, ENRON, ANP-Petrobras, ANEEL-LIGHT e UFGRS.

Executivo: CAEEB (Setor Elétrico), Cia. Navegação Lloyd Brasileira S.A., HPUmatic Automação Industrial, Barueri/SP, Membro do Conselho do Padrões do IIPER/USA.

Empresário: Sócio da empresa Métodos de Apoio à Decisão (ROV-Brasil) e consultor da *Real Options Valuation, Inc.*

Nelson.Albuquerque@unb.br

... poderoso conjunto de ferramentas para gestores de portfólio/programa na escolha racional entre alternativas...
Contra-Almirante James Greene (Ret.), Presidente de Aquisições, Escola de Pós-Graduação Naval (EUA)

... essencial para qualquer profissional... abordagem lógica, concreta e conclusiva...
Jean Louis Vaysse, Vice-Presidente da Airbus (França)

... abordagem comprovada e revolucionária para quantificar riscos e oportunidades em um mundo incerto...
Mike Twyman, Presidente, Soluções de Missão, Cubic Global Defense, Inc. (EUA)

... leitura obrigatória para quem trabalha em economia e investimentos... É a melhor maneira de quantificar riscos e opções estratégicas...
Mubarak A. Alkhater, Diretor Executivo, Novos Negócios, Saudi Electric Co. (Arábia Saudita)

... técnicas de risco pragmáticas e poderosas, valiosas perspectivas teóricas e analíticas úteis na indústria...
Dr. Robert S. Finocchiaro, Diretor, Serviços corporativos de P&D, 3M (EUA)

... as ferramentas de risco mais importantes em um único volume, fonte definitiva em gerenciamento de riscos com exemplos claros...
Dr. Ricardo Valerdi, Sistemas de Engenharia, Instituto de Tecnologia de Massachusetts (EUA)

... conceitos passo a passo complexos com facilidade e clareza incomparáveis... uma "leitura obrigatória" para todos os profissionais...
Dr. Hans Weber, Líder de Desenvolvimento de Produtos, Syngenta AG (Suíça)

... abordagem passo a passo clara... tecnologia de última geração na tomada de decisões para o mundo real dos negócios...
Dr. Paul W. Finnegan, Vice-Presidente da Alexion Pharmaceuticals (EUA)

... Mapa de estradas e escopo claro de tópicos para criar estratégias e opções dinâmicas e ajustadas ao risco...
Jeffrey A. Clark, Vice-Presidente de Planejamento Estratégico,
A Timken Company (EUA)

... exploração claramente organizada e apoiada em ferramentas sobre riscos, opções e estratégias de negócios na vida real...
Robert Mack, vice-presidente, analista distinto,
Grupo Gartner (EUA)

... toda a gama de metodologias que quantificam e mitigam riscos para alcançar uma gestão de negócios eficaz...
Raymond Heika, Diretor de Planejamento Estratégico,
Northrop Grumman Corporation (EUA)

... leitura obrigatória para gerentes de portfólio de produtos... captura exposição de risco de investimentos estratégicos...
Rafael Gutierrez, Diretor Executivo de Planejamento Estratégico de Marketing da Seagate Technologies (EUA)

... temas complexos explicados excepcionalmente... que podem ser compreendidos e implementados...
Agustín Velázquez, Economista Sênior,
Banco Central da Venezuela (Venezuela)

... Fonte permanente de aplicações práticas com simplesmente excelente teoria de gerenciamento de riscos!
Alfredo Roisenzvit, Diretor Executivo/Professor,
Risk-Business Latin America (Argentina)

... o livro de modelagem de melhor risco agora é ainda melhor... leitura necessária para todos os executivos...
David Mercier, vice-presidente corporativo Dev.
Bonanza Creek Energy [Petróleo e Gás] (EUA)

... ponte entre teoria e prática, intuitiva com interpretações compreensíveis...
Luis Melo, Econometrist Sênior,
Banco da República da Colômbia (Colômbia)

... ferramentas valiosas para as empresas gerarem valor para seus acionistas e sociedade, mesmo em tempos difíceis...
Dr. Markus Gotz Junginger, Sócio Sênior,
Gallup (Alemanha)

Sumário

GESTÃO DE RISCOS DE NEGÓCIOS

Em uma organização, a Gestão de Risco Corporativo (ERM), engloba os métodos e processos de negócios utilizados para identificar e gerenciar riscos, bem como aproveitar oportunidades positivas de impacto, a fim de alcançar seus objetivos. Por isso, o ERM fornece uma estrutura específica de metodologia de gestão de riscos para identificar eventos ou condições de risco relevantes para objetivos, riscos e oportunidades em uma organização. Isso é conseguido através da identificação e avaliação dessas condições em termos de *Probabilidade* ou frequência de ocorrência, bem como a magnitude do *Impacto* sobre a condição do risco, que determina a mitigação do risco, a estratégia de resposta pós-risco e o monitoramento do progresso desses controles de risco. Quando as organizações identificam e abordam proativamente riscos e oportunidades, elas podem proteger e criar valor para seus *stakeholders* (p.ex., proprietários, funcionários, acionistas, executivos, clientes, reguladores, nações e sociedade em geral).

O ERM é frequentemente descrito como uma abordagem baseada em riscos para o Planejamento Estratégico. Da mesma forma, gerenciar uma organização através da integração de Controles Internos de Risco e requisitos de conformidade de risco externo (p.ex., COSO, ISO 31000:2009, Basileia III e a Lei Sarbanes-Oxley). Aplica-se a um amplo espectro de riscos enfrentados por uma organização, para garantir que tais riscos sejam devidamente identificados e gerenciados. Investidores, reguladores governamentais, bancos e agências de classificação de risco, entre outros, tendem a pesquisar os processos de gestão de riscos de uma organização como uma métrica crítica ao seu potencial de sucesso.

Além disso, as razões para uma organização implementar o ERM devem incluir pelo menos as seguintes áreas de importância:

- Alinhamento do Apetite e Estratégia de Risco. Normalmente, a equipe gestora leva em conta o apetite de risco da organização ao avaliar alternativas estratégicas de investimento, bem como quando os objetivos estão sendo definidos e desenvolvendo mecanismos para gerenciar riscos. Essa tática contribui para alinhar os objetivos de uma organização com seus processos de negócios.

- Otimização de Decisões de Resposta a Riscos. O ERM oferece rigor qualitativo e quantitativo para identificação e seleção a partir de alternativas de resposta a riscos, incluindo opções estratégicas reais e análise de alternativas para evitar, reduzir, compartilhar, mitigar e aceitar riscos.

- Redução de Surpresas e Perdas Operacionais. As organizações melhorarão suas capacidades para identificar, avaliar, priorizar, diversificar e mitigar potenciais perdas de eventos de risco, usando análises avançadas de risco quantitativo. Em vez de identificar apenas riscos qualitativamente, as organizações podem traduzir esses elementos qualitativos em modelos de risco **quantitativos** onde podem ser realizadas Simulações de Risco Monte Carlo, Modelagem Estocástica, Otimização de Portfólio, Previsões Preditivas, Business Intelligence, Valuation e Modelagem de Investimento de Capital.

- Identificação e Gestão de Múltiplos Riscos Correlacionados em toda a Empresa, dentro de um Ambiente de Portfólio Corporativo. Cada empresa enfrenta uma infinidade de riscos que afetam diferentes partes da organização. O ERM facilita uma resposta eficaz a esses impactos interrelacionados e correlacionados e integra respostas a múltiplos riscos. Riscos financeiros e riscos em projetos de investimento de capital também podem ser gerenciados dentro do ambiente de projetos de portfólio correlacionados, onde os riscos são cobertos e diversificados.

- Aproveitando oportunidades. Os riscos envolvem incertezas, e as incertezas carregam riscos de impacto negativo, bem como potencial de crescimento. Levando em conta uma gama completa de eventos e riscos potenciais e criando estratégias de investimento flexíveis ou opções estratégicas reais, a Equipe de Gestão estará em posição de alavancar proativamente as oportunidades de crescimento e, ao mesmo tempo, mitigar os riscos de impacto negativos.

- Otimização na Implementação de Capital. As Métricas Quantitativas e Robustas de Risco (KPIs) geradas como resultado de um processo abrangente de ERM, permitirão à Equipe de Gestão avaliar efetivamente as necessidades globais de capital e otimizar sua alocação de capital (p.ex., criando uma carteira de investimentos eficiente, sujeita a restrições orçamentárias, estratégicas e de programação, entre outras).

ABORDAGENS TRADICIONAIS

Tradicionalmente, o processo ERM envolve uma avaliação e documentação *qualitativa* de risco. Abaixo está o detalhe da abordagem padrão e do processo ERM tradicional, que, por sua vez, pode ser modificado e adaptado para se adequar à organização, que é o tema da análise. Ao longo do capítulo, revisaremos algumas dessas etapas para incluir métodos integrados de gestão de riscos (IRM)® e sobrepor técnicas *quantitativas* de gerenciamento de riscos no processo.

- Estabelecer o apoio da equipe gestora e uma cultura de gestão de riscos.

- Buscar a participação e supervisão do Conselho de Administração e do Comitê de Risco para analisar o quadro de gestão de riscos e seus benefícios. Da mesma forma, chegar a acordos sobre objetivos e expectativas de alto nível com recursos e datas esperadas em relação à gestão de riscos e em consonância com o plano estratégico da organização.

- Revisar as práticas ERM existentes em sua organização e identifique áreas para melhoria.

- Facilitar o treinamento e as sessões iniciais de trabalho para garantir a participação e, assim, estabelecer a cultura de gestão de riscos com os principais funcionários envolvidos na implementação do ERM.

- Realizar discussões de trabalho em grupo com as principais *Partes Interessadas (Stakeholders)* e funcionários para identificar fontes de risco.

- Fornecer as informações para implementação no processo estratégico de planejamento de negócios.

- Coordenar o desenvolvimento, implementação e monitoramento de métricas de risco identificadas.

- Inventariar documentos e mitigações de riscos dentro dos Registros de Risco em sua organização.

- Desenvolver Comissões de Risco para apresentar aos tomadores de decisão de alto nível e ao Conselho de Administração.

- Avaliar a exposição ao risco e a adequação da mitigação ou monitoramento de riscos existentes e identificar oportunidades para otimizar atividades de mitigação ou monitoramento. Em seguida, sugerir e criar melhores práticas para retornos de risco ajustados.

- Criar relatórios que forneçam inteligência de negócios eficaz e concisa, com base nas medidas de risco que a equipe de gestão exige para tomar decisões financeiras rentáveis.

- Estabelecer um processo de geração de relatórios para a Equipe de Gestão e o Conselho.

- Estabelecer um grupo de trabalho de gestão para apoiar recursos identificados e impulsionar os esforços de gerenciamento de riscos em toda a organização.

REGISTROS DE RISCO E GERENCIAMENTO BÁSICO DE RISCOS DE NEGÓCIOS

O método ERM tipicamente usa *Registros de Risco* composto de um conjunto de *Elementos de Riscos* que permitem que você simplesmente grave todos os riscos presentes ou antecipados. Cada *Elemento de Risco* pode incluir informações sobre o nome de risco; a categoria ou tipo de risco; quem o informou; quem é responsável ou tem o risco atribuído; determinar se a mitigação ou controle de risco é necessária e suficiente; a pessoa de contato; documentação; e assim por diante. Informações adicionais, como frequência, e gravidade, *Probabilidade* ou *Impacto*, que podem impactar no risco em sua organização às vezes são incluídas. Essas medidas de Probabilidade e Impacto são geralmente estimativas qualitativas (altas, médias, baixas) ou podem ser atribuídas valores numéricos (1 a 5 ou 1 a 10, onde quanto maior a frequência ou gravidade, maior o valor atribuído). Métodos alternativos também são suportados usando *vulnerabilidade* (ou o inverso do esforço de mitigação de risco) com múltiplos controles de risco.

Claramente, a quantidade de informações e detalhes necessários varia dependendo da organização. Uma maneira de pensar sobre os Registros de Risco se assemelha a um registro de cheque. Por exemplo, se você tem uma conta corrente, você pode gerar um cheque para pagar uma conta específica; nesse único cheque você escreve o nome, data e valor do destinatário. Você pode, é claro, gerar várias verificações para diferentes destinatários. E toda vez que uma verificação é rotativa, você registra essas verificações em um registro de cheque (seja eletronicamente em software contábil ou manualmente em um talão de cheques físico). Continuando essa analogia, cada verificação representa um elemento de risco diferente e os múltiplos elementos de risco compõem o Registro de Risco. Você também pode ter várias contas bancárias, cada uma com seu próprio registro de cheques, ou, em outras palavras, uma organização pode ter várias configurações de Registros de Risco, uma para cada divisão ou unidade de negócios ou projeto, e assim por diante.

No entanto, o uso apenas de Registros de Risco muitas vezes leva à tomada de decisões ritualísticas, uma ilusão de controle, a falácia da má criação e a dependência de avaliações de risco puramente qualitativas. Embora o uso de Registros de Risco seja um bom ponto de partida, o Gerenciamento Integrado de Riscos leva essa avaliação qualitativa para o próximo nível com abordagens muito mais poderosas para o **gerenciamento quantitativo de riscos.**

EXEMPLO DO CASO: GESTÃO
DE RISCOS HOSPITALARES

A Figura 1.1 mostra um exemplo simples de registro de risco hospitalar, onde certos tipos de eventos de risco (p.ex., fornecimento indevido de doses, falhas de equipamentos etc.) que ocorreram dentro de departamentos específicos (p.ex., cirurgia, terapia intensiva) e registro do número de eventos ocorridos dentro de um período específico de tempo foram registrados , bem como outras notas qualitativas e detalhes associados. É assim que os relatórios são normalmente gerados. A Figura 1.2 apresenta um relatório amostral periódico (p.ex., mensal) de outra organização que mostra o número de eventos de risco ocorridos no passado.

Archivo Editar Idioma (Language) Decimales Ayuda

Bienvenido a ROV Project Economics Analysis Tool (PEAT). El módulo GRE ayuda a Gestionar el Riesgo Empresarial a partir del diseño y modelado del Registro de Riesgos. Los resultados se presentan en Cuadros de Mando de Riesgo y se puede segmentar por: geografía, operaciones, productos, actividades y departamentos. Se puede agregar detalles adicionales como eventos de riesgo, compromisos y diagramas de riesgo. También se puede realizar análisis estadístico sobre los controles de riesgo, pronósticos y mitigación. El análisis de sensibilidad dinámico y la Simulación de Monte Carlo también se puede aplicar a varios niveles de riesgo, tanto diversificable como no diversificable y a cada nivel de costo.

ERM   Analítica Aplicadas   Simulación de Riesgo   Centro de Conocimiento

Configuración Riesgo   Registro Riesgo   Tablero Riesgo   Eventos de Riesgo   Riesgo Engagement   Diagramas Riesgo   Controles Riesgo   Pronósticos Riesgo   Mitigación Riesgo

Entrada de Evento ERM   Entrada de Evento Personalizado   Reportes de Eventos

Inicie creando sus propios segmentos y listas personalizadas, luego cree una nueva base de datos o edite una existente. Seleccione el segmento relevante e ingrese la información del evento.

Seleccione un segmento: Personalizar...

Segmento
General
Cirugía
UCI
Ortopédica
Oncology
Registros médicos
Farmacia
Sala de operaciones

>>   <<   >>>   <<<

No.	Nombre del Evento	Conteo	Fecha del Evento	Segmento Seleccionado	Ingresado por	Notas (Opcional)
1	Lesiones del personal	3	1/24/2014	General	Enfermera 155	
2	Lesiones del personal	6	3/27/2014	General	Enfermera 155	
3	Infección	2	3/27/2014	Surgery	DOC 15	
4	Fallas en el equipo	4	4/15/2014	ICU	Enfermera 254	
5	Temas ambulatorios	2	5/27/2014	Orthopedic	Enfermera 32	
6	Dosis incorrecta	1	6/30/2014	Pharmacy	Asist. De enfermera ...	
7	Dosis incorrecta	3	8/27/2014	Pharmacy	Asist. De enfermera ...	
8	Equipo faltante	2	4/15/2014	OR	Enfermera de sala d...	
9	Equipo faltante	6	10/27/2014	OR	Enfermera de sala d...	
10	Lesiones del personal	5	10/27/2014	General	Enfermera 155	
11	Infección	6	11/27/2014	Surgery	DOC 15	

Guardar como una nueva base de datos:
Eventos de riesgo hospitalario   Guardar como

Lista de Bases de Datos Guardadas:

Base de Datos
Eventos de riesgo hospitalario

Ingrese información opcional adicional:

Reported By: Slippage and minor scrapes
Causes: Leaks from ceiling pipes made the floor wet in Ortho Dept.
Consequences: A few minor slips and bruises
Supervisor: Jacky Smith
Reviewed By:
Witnessed By:
Other Info:
More Details:

Nuevo   Eliminar
Editar   Guardar

Guardar

Figura 1.1: Exemplos de Eventos de Risco em um Hospital

Archivo Editar Idioma (Language) Decimales Ayuda

Bienvenido a ROV Project Economics Analysis Tool (PEAT). El módulo GRE ayuda a Gestionar el Riesgo Empresarial a partir del diseño y modelado del Registro de Riesgos. Los resultados se presentan en Cuadros de Mando de Riesgo y se puede segmentar por: geografía, operaciones, productos, actividades y departamentos. Se puede agregar detalles adicionales como eventos de riesgo, compromisos y diagramas de riesgo. También se puede realizar análisis estadístico sobre los controles de riesgo, pronósticos y mitigación. El análisis de sensibilidad dinámico y la Simulación de Monte Carlo también se puede aplicar a varios niveles de riesgo, tanto diversificable como no diversificable y a cada nivel de costo.

ERM Analítica Aplicados Simulación de Riesgo Centro de Conocimiento

Configuración Riesgo Registro Riesgo Tablero Riesgo Eventos de Riesgo Riesgo Engagement Diagramas Riesgo Controles Riesgo Pronósticos Riesgo Mitigación Riesgo

Entrada de Evento ERM Entrada de Evento Personalizado Reportes de Eventos

Tabla de Riesgo Gráfico de Riesgo

Total	168	100%	14.88%	17.26%	17.86%	11.31%	8.93%	3.57%	1.79%	10.12%	9.52%	3.57%	1.19%
Subsegmentos	Conteo	%	Ene.	Feb.	Mar.	Abr.	May.	Jun.	Jul.	Ago.	Sep.	Oct.	Nov.	Dic.
			25	29	30	19	15	6	3	17	16	6	2	
D-Oper	113	67.26%	19	18	28	6	15	6		17	4			
D-Finance	22	13.10%	2	9	8					3	3			
D-Ti	21	12.50%	2		2	5				6	6			
D-Risk	6	3.57%	2						3				1	
D-Legal	6	3.57%		2							3		1	

Empiece por seleccionar la base de datos para analizar:

ERM: 2014 Registro de eventos de riesgo

Luego, decida si desea correr un reporte para toda la organización o un segmento seleccionado con la organización. Si un segmento es requerido, seleccione la División Apropiada, GOPAD, o Categoría de Riesgo.

☑ Todos los Riesgos en los Segmentos de GOPAD
☐ Compare todos las Bases de Datos (Año por Año)
☐ Reporte basado en la Selección del Segmento de Riesgo y Sub-se

☐ División   ☐ GOPAD
☐ Categoría   ☐ Administrador

☑ Mostrar inicio 5 ☐ Riesgos en Gráfico
☐ Mostrar todos los riesgos en el Gráfico

Actualización   Copiar

Guardar como un Nuevo Reporte:

Monthly Breakdown of Risk Events 2014   Guardar como

Lista de Reportes Guardados:

Reporte
Monthly Breakdown of Risk Events 2014
Annual Comparisons of All Events
Risk Events in Finance
Risk Events in Operations
Custom Hospital ERM Report

Nuevo   Editar   Guardar   Eliminar

Figura 1.2: Exemplo de Relatórios sobre Eventos de Risco

Em outros tipos de Registros de Risco, os valores *Probabilidade (L)* e *Impacto (I)* podem ser usados e inseridos para cada elemento de risco, e o produto dessas duas variáveis é chamado de *Indicador de Risco Chave* (KRI), onde $KRI = LxI$. Esses valores KRI podem ser classificados em cores dentro das diferentes regiões de uma Matriz com base em seus respectivos valores. Por exemplo, a Figura 1.3 mostra uma matriz de 10×10, onde as colunas que variam da esquerda para a direita representam indicadores associados a uma expectativa de probabilidade -de 1 a 10 (baixa a alta)-, e as linhas inferiores representam o mesmo para o Impacto -de 1 a 10 (baixo a alto). Os valores dentro de cada uma das células da matriz representam KRI's, e a codificação de cores depende do valor de KRI calculado (geralmente os menores valores KRI são verdes, os valores médios KRI são amarelos, e os valores altos KRI são vermelhos). Em uma seção abaixo, mostramos exemplos de como esses valores KRI podem ser incorporados ao Registro de Risco do método ERM. Como você verá mais tarde, a codificação de cores, o tamanho da matriz e as etiquetas da categoria podem ser personalizados no software PEAT/ERM, conforme necessário.

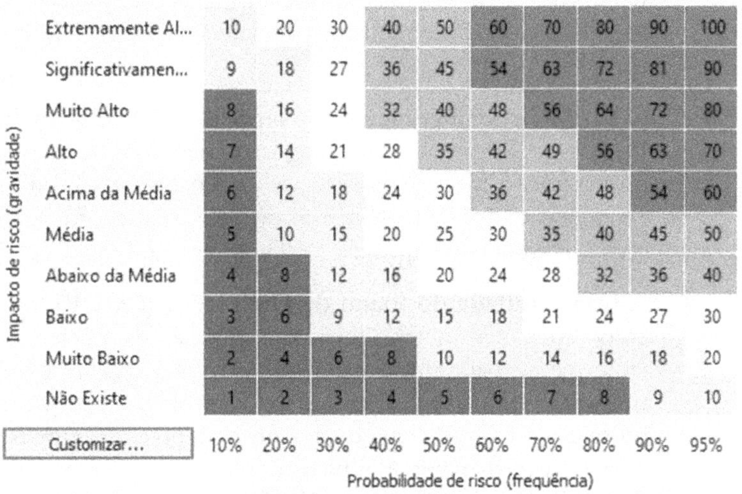

Impacto de risco (gravidade)	10%	20%	30%	40%	50%	60%	70%	80%	90%	95%
Extremamente Al...	10	20	30	40	50	60	70	80	90	100
Significativamen...	9	18	27	36	45	54	63	72	81	90
Muito Alto	8	16	24	32	40	48	56	64	72	80
Alto	7	14	21	28	35	42	49	56	63	70
Acima da Média	6	12	18	24	30	36	42	48	54	60
Média	5	10	15	20	25	30	35	40	45	50
Abaixo da Média	4	8	12	16	20	24	28	32	36	40
Baixo	3	6	9	12	15	18	21	24	27	30
Muito Baixo	2	4	6	8	10	12	14	16	18	20
Não Existe	1	2	3	4	5	6	7	8	9	10
Customizar...										

Probabilidade de risco (frequência)

Figura 1.3: Matriz de Risco

Em algumas organizações que enfrentam potenciais exposições de alto risco público – usinas nucleares, companhias aéreas, empresas de exploração e perfuração de petróleo e gás, bancos e instituições governamentais ou públicas– também são recomendados a ter documentação adicional sobre riscos. Essa documentação também faz parte do processo ERM tradicional. Como exemplo, os seguintes são os procedimentos e documentação típicos que se referem ao planejamento de riscos operacionais, e estes podem ser personalizados de acordo com as necessidades particulares de uma organização.

- O **Plano de Continuidade de Negócios (BCN/*BCP*)** tem como foco preservar as funções dos negócios durante e após uma alteração (p.ex., as funções comerciais podem incluir o processo de folha de pagamento de uma organização ou um processo de informações ao consumidor). Um BCP pode ser estabelecido para um processo de negócios específico ou para atender a todos os processos fundamentais do BCP. No BCP, os sistemas de TI são contabilizados pelo suporte aos processos de negócios. Eles podem ser anexados ao BCP, um Plano de Recuperação de Desastres, um Plano de Retomada de Negócios e um Plano de Emergência de Pessoal, conforme necessário.

- O **Plano de Recuperação do Negócios (PRN/*BRP*)** ou **Plano de Retomada de Negócios** tem como foco a restauração dos processos de negócios após uma emergência. O desenvolvimento da PRN será coordenado com o Plano de Recuperação de Desastres e o BCN.

- A **Continuidade do Plano de Operações (COOP),** tem como foco restaurar as funções essenciais do núcleo da organização para um local alternativo e executar essas funções por 4 semanas antes de retornar às operações normais. A COOP cuida de assuntos no nível da empresa mãe e é desenvolvida e implementada independentemente do BCP. O documento pode incluir a Delegação de Autoridade, Ordens de Sucessão e Procedimentos para Registros Vitais e Bancos de Dados.

- O **Plano de Contingência de TI** e **Plano de Apoio (Estratégia de Recuperação)** prevê o desenvolvimento e manutenção da continuidade de planos de apoio para sistemas de suporte geral e planos de contingência para aplicações maiores.

- O **Plano de Resposta a Incidentes Cibernéticos** (*Cyber Incident Response Plan*) **(CIRP)**, estabelece procedimentos para ataques cibernéticos contra o sistema de TI de uma organização. O CIRP foi projetado para permitir que o pessoal de segurança identifique, atenue e se recupere de incidentes de computador maliciosos, como acesso não autorizado a um sistema ou dados, negação de serviço ou alterações não autorizadas em dados de hardware, software ou sistema (p.ex., lógica maliciosa, como um vírus *Worm* ou *Trojan Horse*).

- O **Plano de Recuperação de Desastres (PRD/***DRP***)** é aplicável após **eventos catastróficos** negarem acesso a instalações normais por um longo período de tempo. Dependendo das necessidades da sua organização, vários *DRP*'s podem ser anexados ao BCP.

- O **Plano de Gestão de Crises (PGC/***CMP***)** e o **Plano de Comunicação de Crise (PCC/***CCP***)** descrevem em detalhes como as organizações preparam seus procedimentos internos e externos antes e durante um desastre. O plano de comunicação de crise é frequentemente desenvolvido pela organização responsável por sua defesa pública. Os procedimentos do plano estão incluídos como um apêndice para o BCP. O plano de comunicação inclui a nomeação de pessoas específicas para serem as únicas autoridades a responder perguntas do público, relacionadas à resposta a desastres.

Um verdadeiro processo ERM abrangente, de última geração, deve incluir pelo menos as etapas e métodos qualitativos descritos acima, além de metodologias quantitativas de gestão de risco (IRM). Em vez de o capítulo continuar a descrever elementos adicionais e listas de métodos e etapas, ilustramos os métodos quantitativos ERM usando o módulo ERM do software PEAT (*Economic Project Analysis Tool*), que é apresentado no próximo capítulo.

O software PEAT foi desenvolvido para realizar uma análise abrangente da Gestão Integrada de Riscos sobre investimentos de capital, fluxo de caixa descontado, gerenciamento de riscos de projetos -custo e prazos-, aplicações específicas nas áreas óleo e gás, análise de saúde e gestão de riscos de negócios. Esta ferramenta ajudará você a estruturar uma série de projetos ou opções de investimento de capital, modelar seus fluxos de caixa, simular seus riscos, executar simulações avançadas de risco, executar *business intelligence* e *analytics*, executar prognósticos e previsões de modelos, otimizar seu portfólio de investimentos sujeito a restrições orçamentárias e outras restrições qualitativas e de recursos, e gerar relatórios e tabelas automatizados. Tudo isso, dentro de um único pacote de software integrado e fácil de usar. Os módulos abaixo estão disponíveis no PEAT, e particularmente, o Capítulo 2 se concentra no módulo ERM.

- Gestão de Riscos Empresariais (ERM)
- Investimentos Corporativos (Fluxo de Caixa Dinâmicos)
- Investimentos Corporativos (Aluguel versus Compra)
- Análise objetiva (Automação da Força de Vendas)
- Economia da Saúde (HEAT e REJ)
- Óleo e Gás (Reservas de Campos de Petróleo, Análise de Recuperação de Petróleo, Curvas de Poço Tipo)
- Gerenciamento de Projetos (Riscos de Custos e Cronograma)
- Análise Setor Público - Valor Agregado do Conhecimento
- Modelos compilados ROV
- Módulos e aplicativos personalizados especificamente para a empresa

O ROV-PEAT incorpora todas as metodologias analíticas avançadas de risco e decisão, referidas neste livro, em um pacote de software, com aplicativos integrados fáceis de usar com instruções passo-a-passo. Isso simplifica o processo de análise de decisão baseado em riscos e capacita o tomador de decisão com perspectivas de análises mais poderosas.

Se você já executou modelagem de Fluxo de Caixa Descontado ou Gestão de Risco de Negócios no Excel, então por que você deve precisar de PEAT? Como as técnicas analíticas integradas avançadas da PEAT ampliam a análise já feita por você e o fazem em um formato automatizado, fácil de usar e entender, gerando *insights* valiosos, que seriam impossíveis de obter sem métodos tão avançados. O PEAT permite que você dimensione e replique sua análise, arquive e criptografe seus modelos e dados, crie relatórios automatizados e personalize seus próprios módulos PEAT.

- *Gestão de Riscos de Negócios (ERM)*: Realiza ERM qualitativo tradicional com *Registros de Risco*, mas otimizando com análises mais quantitativas. Este módulo *ERM* vem com uma versão online da Web, bem como um módulo dentro do PEAT, que permite que você entre e salve vários Registros de Risco para gerar indicadores de risco-chave (*KRI*) por divisões de risco e taxonomia de risco (Geográfica, Operações, Produtos, Atividade ou Processo e Departamento); atribuir elementos de risco a diferentes gestores de risco através do Mapeamento de Risco por categoria de risco, para diferentes divisões de risco; criar *dashboards* de risco de resultados; inserir *Elementos de Risco* dentro de múltiplas intervenções de risco personalizadas; desenhar Diagramas de Risco; realizar e executar controles de risco em *KRI*'s para verificar se certos riscos estão dentro ou fora de controle; realizar Previsões de Risco, verificar se certos projetos de mitigação de risco realmente funcionam ou são estatisticamente ineficazes; Realizar sensibilidade de risco em *KRI*'s; Realizar Cenários de Risco em métricas de risco quantitativo; Executar simulações de risco em métricas de risco; Gerar Relatórios de Risco; e Criptografar seus dados e arquivos para preservar a Segurança de Risco. (Veja o estudo de caso no Capítulo 4 da Eletrobrás no Brasil e como essa multinacional utilizou a PEAT/ERM).

- *Investimentos Corporativos (Dynamic Discounted Cash Flow):* Com algumas suposições simples, você pode autogerar estados com fluxo de caixa descontado de vários projetos; obter indicadores de desempenho e as principais métricas financeiras (VPL, TIR, TIRM, PP, DPP, ROI); executar simulações de risco em insumos incertos; gerar análise de sensibilidade estática de tornado, executar sensibilidades dinâmicas; comparar simultaneamente vários projetos dentro de um portfólio; fazer previsões futuras de receita e fluxo de caixa; traçar múltiplos caminhos e opções estratégicas de investimento, e modelar e avaliar esses caminhos estratégicos; calcular e otimizar os melhores projetos dentro de um portfólio sujeitos a múltiplas limitações e restrições; visualizar resultados em painéis de gestão; criptografar seu modelo e dados; e relatórios autogerados de análise;

- *Investimentos Corporativos (Arrendar versus Comprar):* Executa uma análise de locação versus compra; compara arrendamentos operacionais e financeiros com pagamentos de juros e vantagens fiscais; avalia o arrendamento do ponto de vista do inquilino e do proprietário; e gera a análise total do fluxo de caixa para obter a vantagem líquida na locação.

- *Análise Objetiva -Automação de Forças de Venda (Sales Force Automation):* Desenvolver e manter objetivos de vendas corporativas. Um módulo PEAT de desktop, suportado na *Web SaaS*, que se concentra na criação e utilização das metas que contribuem para torná-los mais precisos e sustentáveis por qualquer empresa que visa melhorar o desempenho de suas vendas (previsão de metas de vendas, probabilidade de alcançar receita corporativa, análise de canais de vendas e outras análises métricas baseadas em vendas).

- *Economia em Seguro Saúde* (HEAT e REJ): Faz uma análise econômica de várias opções disponíveis sob a Lei de Proteção ao Paciente e cuidados Acessíveis (padrão *ObamaCare*) para empresas que oferecem saúde patrocinada pelo empregador, carregando dados censitários de funcionários (**Health Economics Analysis Tool**, HEAT) ou realizando Justificativas Econômicas Rápidas (REJs) de cada opção simulando suas entradas de alto nível.

- *Óleo e Gás (Oil Field Reserves, Oil Recovery and Well Type Curves)*: executa modelos das indústrias de petróleo e gás, para fazer uma análise econômica das reservas de campos de petróleo e a recuperação disponível do petróleo com base em incertezas e riscos, bem como para gerar curvas econômicas específicas e análises por tipos de poços.

- *Gerenciamento de Projetos (Riscos de Custo e Cronograma)*– Apresenta redes PERT como ferramenta de gestão de projetos (tarefas simples, linear, versus projetos paralelos complexos e sua recombinação), em seguida, clique em um botão para autogerar o modelo. Estimativas de custos e agendamento, bem como seu diferencial, são inseridas, então uma simulação de risco é executada no modelo para determinar a probabilidade de sobrecusto e erro no prazo, avaliando e calculando medidas de probabilidade associadas, identificação do caminho crítico de rotas e análise de sensibilidade.

- *Análise do Setor Público (Valor Agregado do Conhecimento):* valor do modelo de governança e organizações sem fins lucrativos, valor para a sociedade ou valor intangível por meio do Valor Agregado do Conhecimento, utilizando mercados comparáveis para identificar e rentabilizar tais projetos e ativos.

- *Modelos Compilados ROV:* Com o software Compilador, os usuários podem construir seus modelos em Excel e distribuir como arquivos EXE executáveis, controlados por licença. Os métodos proprietários da ROV podem ser usados para criptografar e bloquear a propriedade intelectual e algoritmos matemáticos do modelo, e emitir licenças de hardware controladas e cronometradas para os próprios usuários ou clientes do comprador.

PRÁTICA DE GESTÃO PROJETOS COM PEAT

O PEAT/ERM é um aplicativo desktop, com versão na Web -*online*- com mais de 20 patentes nos Estados Unidos e globalmente e com outras patentes pendentes. A versão *desktop* do PEAT/ERM é voltada para a equipe interna do Departamento de Risco, a fim de gerenciar resultados e conjunto de dados, manter os dados criptografados e seguros, e executar a análise de simulações, cenários, análise Tornado e assim por diante. Nem todos precisam dessas análises avançadas. Portanto, em uma grande empresa, pode haver vários usuários finais que teriam a possibilidade de inserir dados, e alguns administradores locais com acesso ao controle de tudo, desde a concessão de acesso e criação de usuários finais, até a criação do perfil de risco da empresa. Os usuários finais (p.ex., gerentes de plantas, supervisores, secretários etc.) só podem inserir dados e informações de suas áreas. Esses usuários finais têm acesso e conhecimento limitado, o que facilita o treinamento, e inserem valores que correspondem apenas às suas áreas de responsabilidade. Os administradores locais têm então um banco de dados consolidado ao nível corporativo para que possam visualizar os resultados, gerar relatórios, realizar análises de risco quantitativa mais avançadas e assim por diante.

A melhor maneira de iniciar o módulo PEAT/ERM é começar com PEAT, selecionar o módulo *Gestão de Risco Empresarial* (o segundo na janela principal Figura 2.1) e clicar em *Carregar Exemplo*. Isso iniciará o módulo ERM e carregará um exemplo com um conjunto de dados. O resto deste capítulo fornece uma visão geral de cada seção do software.

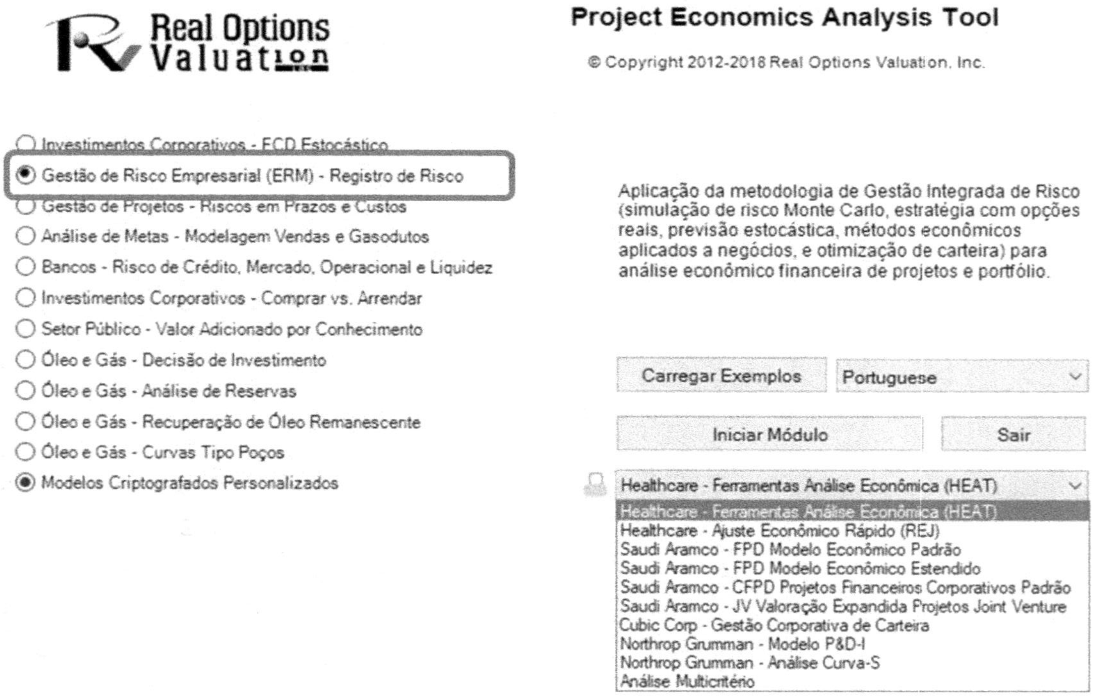

Real Options Valuation

Project Economics Analysis Tool

© Copyright 2012-2018 Real Options Valuation. Inc.

Aplicação da metodologia de Gestão Integrada de Risco (simulação de risco Monte Carlo, estratégia com opções reais, previsão estocástica, métodos económicos aplicados a negócios, e optimização de carteira) para análise económico financeira de projetos e portfólio.

○ Investimentos Corporativos - FCD Estocástico
◉ Gestão de Risco Empresarial (ERM) - Registro de Risco
○ Gestão de Projetos - Riscos em Prazos e Custos
○ Análise de Metas - Modelagem Vendas e Gasodutos
○ Bancos - Risco de Crédito, Mercado, Operacional e Liquidez
○ Investimentos Corporativos - Comprar vs. Arrendar
○ Setor Público - Valor Adicionado por Conhecimento
○ Óleo e Gás - Decisão de Investimento
○ Óleo e Gás - Análise de Reservas
○ Óleo e Gás - Recuperação de Óleo Remanescente
○ Óleo e Gás - Curvas Tipo Poços
◉ Modelos Criptografados Personalizados

Carregar Exemplos | Portuguese | >

Iniciar Módulo | Sair

Healthcare - Ferramentas Análise Económica (HEAT) | >

Healthcare - Ferramentas Análise Económica (HEAT)
Healthcare - Ajuste Económico Rápido (REJ)
Saudi Aramco - FPD Modelo Económico Padrão
Saudi Aramco - FPD Modelo Económico Estendido
Saudi Aramco - CFPD Projetos Financeiros Corporativos Padrão
Saudi Aramco - JV Valoração Expandida Projetos Joint Venture
Cubic Corp - Gestão Corporativa de Carteira
Northrop Grumman - Modelo P&D-I
Northrop Grumman - Análise Curva-S
Análise Multicritério

Figura 2.1: Ferramentas de Análise Económicas de Projetos (PEAT) da ROV

Na janela inicial do módulo, você irá para a seção **Configurações Globais.** Comece com as *etapas 1-3*, definindo primeiro as Configurações de *Data* (MM/DD/YYYY ou DD/MM/YYYY), bem como os *Indicadores de Risco Chave* (KRI). A *Matriz KRI* é uma matriz n*xn* codificada por *Cores,* composta por níveis de *Probabilidade* ou frequência de Risco e níveis de *Impacto* de Risco ou gravidade, que podem ser definidos a partir de numerais inteiros de 1-5 ou 1-10 (Baixo, Alto etc.), com códigos de cores personalizados (Figura 2.2). Deve-se notar que os *KRI's* são calculados como produto de *Probabilidade x Impacto.* Por exemplo, um elemento de risco que tenha uma probabilidade (frequência) de *5* e um impacto de risco (gravidade) de *6* indica um *KRI* de *30.* Quanto maior a probabilidade ou impacto, maior o *KRI,* o que indicaria uma condição de risco maior. A configuração padrão do programa é de 10 categorias para probabilidade e impacto, segmentados em 5 cores diferentes.

O esquema de cores varia de verde escuro (risco muito baixo) a vermelho (risco muito alto), e os nomes nos eixos horizontais e verticais têm alguns valores predefinidos, como risco médio, acima da média e assim por diante. Tudo isso pode ser alterado, clicando no botão *Personalizar.* Em outras palavras, toda a matriz KRI pode ser personalizada conforme necessário, desde as cores das células até os nomes das categorias.

A *etapa 4*: Escolha das opções para *Controles de Risco.* Estas são geralmente atribuições de ponderação do grau de dificuldade de implantação ou da abrangência dos *Controles de Risco* desenvolvidos para mitigação, e seus valores podem ser estabelecidos em percentuais (%) -escolha default- ou por número inteiro. Esses pesos são usados posteriormente na seção *Registro de Risco.*

A *etapa 5* disponibiliza a capacidade de personalizar as variáveis medidas, ou seja, o impacto do risco (gravidade) versus probabilidade de risco (ou frequência). Algumas empresas podem querer medir outros elementos, como o risco de perdas nos negócios, o impacto dos recursos humanos, o impacto no meio ambiente, entre outros. Qualquer uma dessas modificações pode ser feita aqui. Geralmente, a maioria dos *ERM's* são aplicados em empresas que tendem a usar a matriz de impacto padrão de risco ou gravidade versus a probabilidade de risco ou matriz de frequência (configuração padrão no PEAT/ERM).

A *etapa 6* fornece a capacidade de usar unidades globais ou únicas para registos de risco. Por exemplo, se a única preocupação de uma empresa tem a ver com impactos financeiros ou de risco, ela poderia usar $ ou £ para todos os seus elementos de risco. Isso poderia ser aplicado globalmente, o que significa que, para todos os riscos, a unidade selecionada seria usada. Por outro lado, uma multinacional que tem negócios em várias moedas pode precisar de configurações de moeda únicas para cada registro de risco. Finalmente, a lista de *drop-down* permite que você use outras unidades fora do padrão, como horas, disputas, Megawatt-hora, entre outras. Essas unidades se aplicam a empresas interessadas em medir seus riscos na fabricação e capacidade de produção.

Riscos - Grupos de Risco
(Segmentação e Taxonomia)

Normalmente, a implementação do ERM também deve ser capaz de criar várias divisões, departamentos, categorias de risco e outras segmentações dentro de uma organização. Tais segmentações são necessárias, pois os dados inseridos nos registros de risco podem ser dissecados, posteriormente, de todas as formas possíveis, além de cumprir o Quadro Integrado de Gestão de Riscos COSO.

A Figura 2.3 mostra a seção **Grupos de Risco** no software PEAT/ERM. Eles podem ser configurados lá, uma infinidade de Divisões de Risco, *G.O.P.A.D* de Risco, Categoria de Risco e Gerentes de Risco. Cumulativamente, essas categorias representam a Taxonomia de Risco do sistema ERM.

Por exemplo, várias empresas ou divisões operacionais podem ser criadas dentro de uma empresa para que a empresa possa gerenciar vários perfis de risco para cada divisão. Os usuários também podem criar e atribuir várias categorias de G.O.P.A.D (geográfica, operações, produtos, atividades ou processos e departamentos) para analisar o perfil de risco da empresa, a partir de vários pontos de vista.

Comece criando uma ou mais divisões, depois as categorias G.O.P.A.D., depois as categorias de risco e, finalmente, os gerentes de risco ou pessoas que estão no comando de certos aspectos da empresa. Quando você cria categorias de risco, você pode usar a ajuda oferecida pela biblioteca PEAT padrão, que contém as categorias de risco predefinidas. Isso é conseguido através do botão *Carregar Biblioteca de Inventário de Riscos.* Uma vez criadas as categorias, elas aparecem na grade de dados na parte inferior. Clique no ícone lápis *Editar* para editar um item específico.

Clique no botão *Relatório* para gerar um relatório no Excel das categorias criadas. Este relatório pode servir como um arquivo ou modelo para importar categorias adicionais ou novas. Por exemplo, quando você gera um relatório a partir deste exemplo com o modelo atual padrão, você pode excluir o relatório, inserir novas categorias na planilha do Excel e, em seguida, *importá-las* para o software. A importação de dados permite que você insira rapidamente um grande número de categorias. As entradas manuais são ótimas quando apenas algumas categorias são necessárias. Independentemente da abordagem, é altamente recomendável que os nomes da categoria sejam curtos, mas descritivos. Por exemplo, o departamento financeiro pode ser chamado de D-Finan ou produtos de petróleo e gás podem ser chamados de P-Oil. Quando os nomes de categoria são curtos, eles tendem a gerar relatórios visualmente agradáveis.

Riscos - Mapeamento de Riscos (Tarefas)

Com base nos *Grupos de Risco* e em sua taxonomia de risco, criada anteriormente, o próximo passo é mapear e vincular essas hierarquias em uma ou mais dimensões. Esse processo permitirá que diversos projetos, com riscos relacionados, sejam colocados em diversos grupos e segmentos para análise. Também lhe dá a capacidade de ver como certos elementos de risco podem permear através da organização. Ele também permite que você saiba como um elemento de risco específico pode estar relacionado a vários departamentos, divisões, processos e assim por diante.

Segmentos previamente concluídos podem ser mapeados na seção **Mapeamento de Riscos,** conforme mostrado na Figura 2.4. Por exemplo, uma *Categoria de risco* pode então ser mapeada em uma ou mais *Categorias G.O.P.A.D,* que podem então ser mapeadas em uma ou mais Divisões. Deve-se notar que todas as divisões estão consolidadas para a empresa. Dessa forma, quando um elemento de risco é inserido posteriormente no **Registro de Risco**, uma categoria de risco pode ser selecionada, e os caminhos de conexão restantes serão determinados automaticamente. Usando essas conexões mapeadas, o software pode dissecar e olhar para diferentes divisões ou categorias do G.O.P.A.D e visualizar o perfil de risco, a partir de diferentes pontos de vista.

Embora seja tentador conectar uma única categoria de riscos a múltiplas G.O.P.A.D ou Divisões, recomenda-se configurar conexões como um-pra-um. Esta relação um-pra-um permite que quaisquer valores de risco e KRI's sejam corretamente atribuídos à categorias de risco ou divisões relevantes, evitando qualquer postagem dupla acidentalmente.

As conexões criadas podem ser visualizadas na grade de dados na parte inferior. As conexões podem ser *editadas* clicando nos ícones do lápis Editar e as alterações podem ser *salvas* após modificações. Você também pode criar um relatório que sinaliza todas as conexões.

Como lembrete, a configuração dessas três seções: *Configurações Globais, Grupos de Risco* e *Mapeamento de Riscos,* deve ser feita com muito cuidado, já que as configurações aqui irão fluir por todo o software ERM. Todos os relatórios e análises subsequentes serão baseados nessas configurações. Às vezes, planejar e traçar estratégias preliminares é fundamental para criar um bom modelo ERM.

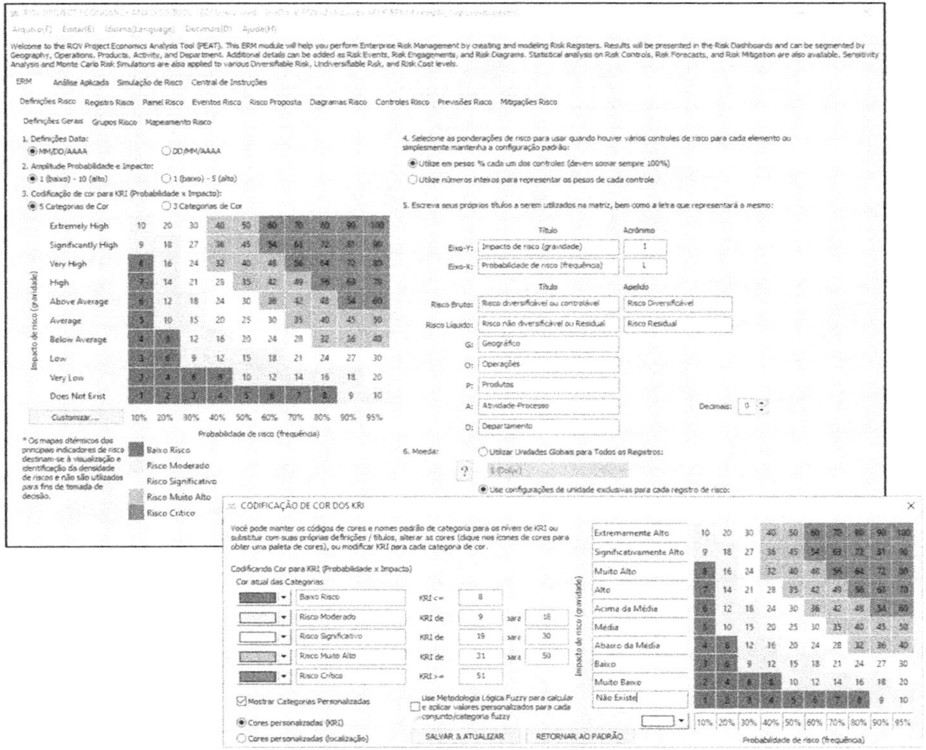

Figura 2.2: Configurações de Risco

Arquivo(F)   Editar(E)   Idioma(Language)   Decimais(D)   Ajuda(H)

Welcome to the ROV Project Economics Analysis Tool (PEAT). This ERM module will help you perform Enterprise Risk Management by creating and modeling Risk Registers. Results will be presented in the Risk Dashboards and can be segmented by Geography, Operations, Products, Activity, and Department. Additional details can be added as Risk Events, Risk Engagements, and Risk Diagrams. Statistical analysis on Risk Controls, Risk Forecasts, and Risk Mitigation are also available. Sensitivity Analysis and Monte Carlo Risk Simulations are also applied to various Diversifiable Risk, Undiversifiable Risk, and Risk Cost levels.

ERM   Análise Aplicada   Simulação de Risco   Central de Instruções

Definições Risco   Registro Risco   Painel Risco   Eventos Risco   Risco Proposta   Diagramas Risco   Controles Risco   Previsões Risco   Mitigações Risco

Definições Gerais   Grupos Risco   Mapeamento Risco

Escolha o nível/hierarquia de risco que você gostaria de manualmente, adicionar ou editar, os itens individuais, ou copiar/colar várias entradas de uma só vez na grade de dados abaixo. Você deve começar adicionando Divisões seguido por GOPAD, então Categoria Risco e Gerente Risco. Selecione o nível de Risco para gerenciar, em seguida, adicione um novo ou editar/busque uma entrada existente.

○ DIVISÃO   ● G.O.P.A.D.   ○ CATEGORIA RISCO   ○ GESTOR RISCO

Nome Divisão: Tipo: Nome Categoria Risco: Nome Gestor de Risco:
Acrônimo: Nome Item: Acrônimo: Acrônimo:
Local: Acrônimo: Status: Título/Posição:
Notas: Local: Notas: Departamento:
                    Notas: Fone Direta:
                                                              E-mail:
                                                              Local:
                                                              Notas:

Relatório   Import   Salvar como Novo   Salvar Edição   Apagar

E...	Tipo	Nome	Acrônimo	Local	Notas	Data
	Produtos	BRG 225 Retail Development in Croydon	P-Croydon	London, U.K.	Development of 225 retail units by the end of 2017	3/13/2014
	Produtos	LLS 550 Housing Development in Dublin	P-Dublin	Northern California, U.S.A.	Development of 550 condominium units by the e...	3/13/2014
	Produtos	SxI 101 Parking Structure in Saudi Arabia	P-Saudi	Dammam, Saudi Arabia, KSA	Development of a 10-floor state of the art parking ...	3/13/2014
	Departamento	Risk Management Department	D-Risk	Silicon Valley, CA, U.S.A.		3/13/2014
	Departamento	Finance Department	D-Finance	Silicon Valley, CA, U.S.A.		3/13/2014
	Departamento	Operations Department	D-Operations	Silicon Valley, CA, U.S.A.		3/13/2014
	Departamento	IT Department	D-IT	Silicon Valley, CA, U.S.A.		3/13/2014
	Departamento	Legal Department	D-Legal	Silicon Valley, CA, U.S.A.		3/13/2014

Figura 2.3: Agrupamentos de Risco em uma Organização

ROV PROJECT ECONOMICS ANALYSIS TOOL - [C:\Users\matlb\OneDrive\ROV-USA\Livros-IIPER\ERM\Exemplo_Cap2.rovprojecon]

Arquivo(F)　Editar(E)　Idioma(Language)　Decimais(D)　Ajuda(H)

Welcome to the ROV Project Economics Analysis Tool (PEAT). This ERM module will help you perform Enterprise Risk Management by creating and modeling Risk Registers. Results will be presented in the Risk Dashboards and can be segmented by Geography, Operations, Products, Activity, and Department. Additional details can be added as Risk Events, Risk Engagements, and Risk Diagrams. Statistical analysis on Risk Controls, Risk Forecasts, and Risk Mitigation are also available. Sensitivity Analysis and Monte Carlo Risk Simulations are also applied to various Diversifiable Risk, Undiversifiable Risk, and Risk Cost levels.

ERM　Análise Aplicada　Simulação de Risco　Central de Instruções

Definições Risco　Registro Risco　Painel Risco　Eventos Risco　Risco Proposta　Diagramas Risco　Controles Risco　Previsões Risco　Mitigações Risco

Definições Gerais　Grupos Risco　Mapeamento Risco

Com base nas Categorias, GOPAD e Divisões previamente criadas, agora você pode mapear e associar essas hierarquias. Cada Categoria Risco pode ser mapeado para um ou mais GOPAD e Divisões. Use a tecla Ctrl para selecionar vários itens.

Selecione Um ou Mais:

Categoria
- [ ] Cliente Risco
- [x] Risco Competição
- [x] Risco Conformidade
- [x] Risco Concentração
- [ ] Risco Custo
- [ ] Risco Crédito
- [ ] Risco Cultural
- [ ] Risco Economia
- [ ] Risco Financeiro
- [ ] Risco Câmbio
- [ ] Risco Recurso Humano

Selecione Um ou Mais:

GOPAD
- [ ] P-Croydon
- [x] P-Dublin
- [ ] P-Saudi
- [ ] D-Risk
- [ ] D-Finance
- [ ] D-Operations
- [ ] D-IT
- [ ] D-Legal

Selecione Um ou Mais:

Divisão
- [ ] Europa
- [ ] MEast
- [x] EUA

Relatório　Adicionar Nova Categoria　Salvar Alterações　Deletar Conexão

E...	Categoria Risco	Atribuição GOPAD	Atribuição Divisão	Status
✓	Cliente Risco	P-Croydon	Europa	Ativo
✓	Risco Competição	P-Dublin	EUA	Ativo
✓	Risco Custo	D-Finance	EUA	Ativo
✓	Risco Custo	D-Risk	EUA	Ativo
✓	Risco Custo	P-Dublin	EUA	Ativo
✓	Risco Economia	P-Saudi	MEast	Ativo
✓	Risco Financeiro	D-Finance	EUA	Ativo
✓	Risco Recurso Humano	P-Saudi	MEast	Ativo
✓	Risco Taxa Inflação	P-Saudi	MEast	Ativo
✓	Risco TI	D-IT	EUA	Ativo
✓	Risco Legal	P-Croydon	Europa	Ativo
✓	Risco Operacional	P-Croydon	Europa	Ativo

Figura 2.4: Mapeamento de Riscos ou Relacionamentos Agrupados

Riscos - Registro de Risco

A seção **Registro de Risco** representa o ponto central do ERM e, dentro do software PEAT, vários Registros de Risco podem ser criados em um único arquivo. O que significa que os usuários podem criar vários Registros de Risco, como mostrado na Figura 2.5, onde vemos três exemplos de registros: o *Projeto DGS728*, a *Submissão do CEO ao Conselho de Administração* e o *Projeto MMS5528*. Cada um dos Registros de Risco contém vários *Elementos de Risco*. Esses *Elementos de Risco* aparecem na grade inferior do software. Na Figura 2.5, você pode ver os primeiros quatro Elementos de Risco. Cada um consiste em um *Nome* de Elemento de Risco, um *Acrônimo* ou nome curto, *Causas* associada ao Evento de Risco, as *Consequências*, as *Respostas* à Mitigação de Riscos, *Planos de Ação*, *Status* (ativo), Tarefas Gerenciais de Risco, Categoria de Risco, *Probabilidades* de Risco, *Impactos* de Risco, Indicadores de Risco Chave, *Datas* do Risco (Criação, Edição e datas de Validade), Risco Controlável ou Diversificável ($), Risco não Diversificáveis ou Residual ($), Custo de Mitigação ($), Controles de Risco Múltiplos (Nomes de Controle, Pesos e % mitigação), e assim por diante, como ilustrado na Figura 2.5.

Uma analogia simples para um Registro de Risco e seus Elementos de Risco seria um talão de cheques. Em uma família (corporação), pode haver várias pessoas cada uma com seus próprios talões de cheques (Registro de Risco). Em cada talão de cheques, há uma pilha de cheques. Cada folha pode ser vista como um Elemento de Risco, onde o nome, quantidade, data e notas do beneficiário (nome do elemento de risco, causas, consequências, resposta à mitigação de riscos, etc.) são registrados. Todos os Elementos de Risco são consolidados em um talão de cheques ou Registro de Risco. Uma empresa pode ter um ou mais Registros de Risco e cada uma pode ser criada com base em diferentes projetos, unidades de negócios, iniciativas de investimento, plantas, instalações, e assim por diante. Assim, cada Registro de Risco contém múltiplos Elementos de Risco (p.ex., riscos individuais como incêndios, fraudes, tempo de inatividade, erro humano, acidentes e outros, dentro de cada projeto, unidade de negócios, iniciativa, instalação, etc.), que aparecem como linhas na grade de dados (Figura 2.5).

Outra entrada necessária é a Categoria de Risco que se baseia no Mapeamento de Risco que foi realizado anteriormente, onde a seleção de uma Categoria de Risco específica inserirá automaticamente o risco inserido em todas as relações mapeadas, pois serão utilizadas posteriormente nos Comitês de Risco e relatórios de risco. Vários registros de risco podem ser criados e salvos nesse espaço. No entanto, o arquivo ERM também deve ser salvo, usando omenu *Arquivo/Salvar*. Um único arquivo*.rovprojecon* salvo pode hospedar vários Registros de Risco, cada um com vários Elementos de Risco.

Salvar, Editar, Relatar e Importar

Para começar a criar um novo Registro de Risco, clique no botão *Novo* na janela de lista de Registro de Risco (canto superior direito do software). Em seguida, prossiga para inserir pelo menos certos dados amostrais, como o *Nome* e a *Sigla* do Elemento de Risco. Selecione o *Status, Gerente de Risco,* a *Categoria de Risco* e digite os valores de *Probabilidade Risco* e *Impacto de Risco.* Todas as outras entradas são opcionais. Em seguida, clique no botão *Criar novo* para criar um novo *Elemento de Risco,* com base nas informações que você acabou de inserir. Uma vez que haja pelo menos um Elemento de Risco, agora você pode inserir um nome para o **Registro de Risco**. Digite um nome e, em seguida, clique em *Arquivo|Salvar Como, |Criar,* e *|Salvar* o *Registro de Risco.* Você pode parar neste momento ou continuar.

Para continuar adicionando mais Itens de Risco, clique no nome do novo Registro de Risco ou em qualquer outro Registro de Risco de sua escolha e clique em *Editar* para editar o Registro de Risco. Em seguida, prossiga para adicionar informações adicionais do Elemento de Risco e clique em *Criar Novo* para criar cada novo item de risco. Depois de terminar de adicionar os Itens do Elemento de Risco, clique em *Salvar Editado* ou *Guardar Editado* para salvar o Registro de Risco. Quando toda a entrada de dados estiver concluída, <u>não se esqueça de salvar o arquivo</u> usando o menu *Salvar Arquivo* ou *Salvar Como,* dependendo do requisito.

Se os dados existirem, clicar em *Relatório* para gerar um relatório de todos os Registros de Risco. Cada planilha do Excel gerada conterá seu próprio Registro de Risco. Um segundo relatório também será gerado para todos os *Controles de Risco.* Esses relatórios também podem ser usados como modelos de entrada de dados para serem *Importados* para o software. Usando os mesmos arquivos, substitua os dados por novos dados para importar, salve o arquivo Excel e, em seguida, no software PEAT/ERM, clique no botão *Importar* para carregar os Registros de Risco.

No mínimo, as informações exigidas por um *Elemento de Risco* seriam seus valores de *nome, sigla, probabilidade* e *impacto*, bem como listas de *drop-down* para *tarefas* de gerenciamento de risco e *categoria* de risco. Todas as outras entradas são opcionais.

O *Nome* do Elemento de Risco deve ser descritivo, mas sua sigla ou nome curto correspondente deve ser breve. Idealmente, a *Sigla* ou Abreviação, deve ser ajustado à grade de dados (8 caracteres ou menos).

Causas, Consequências e *Resposta à Mitigação de Riscos* são entradas de texto abertas. Essas podem ser de qualquer comprimento, mas o ideal é que elas se ajustem à grade de dados, para ter clareza nos dados (cerca de 80 caracteres ou menos).

Você pode vincular um *Plano de Ação* mais detalhado a um *Elemento de Risco,* como um documento externo, usando o botão *Pesquisar.* O ícone *Notas* 🖬 ao lado do botão *Browser* também pode ser usado para inserir notas adicionais conforme necessário. Esse elemento é opcional.

Todas as três listas acima devem ser selecionadas, pois são consideradas itens necessários. O *Status* padrão é igual a *Ativo.* Itens de risco que posteriormente não são mais considerados aplicáveis podem ser excluídos ou configurados como *Inativos,* utilizando a lista suspensa. A marcação de um item como *Inativo* continuará a mantê-los no Registro de Risco para fins de arquivo, mas seus efeitos não serão calculados posteriormente no *Quadro de Risco.* A lista suspensa de *Categoria atribuída* é onde o gerenciador de risco é selecionado. A lista de *Gerentes de Risco* foi criada anteriormente na seção *Definições de Risco | Grupos de Risco.* O mesmo vale para a lista das *Categorias de Risco.*

Como mencionado acima, as entradas do *Elemento de Risco* requerem um valor bidimensional, composto de *Probabilidade* ou frequência de risco (L) e *Impacto* de Risco (I) ou gravidade da ocorrência de um evento de risco, em termos dos efeitos financeiros, econômicos e não econômicos do risco.

Esses conceitos de probabilidade e impacto são padrão do setor e até mesmo utilizados em ambientes regulatórios como os Acordos de Basileia IV (iniciados pelo *Bank for International Settlements* -BIS da Suíça e aceitos pela maioria dos bancos centrais em todo o mundo, como padrões de relatórios regulatórios para riscos operacionais).

Algumas medidas alternativas também podem ser usadas, como *Vulnerabilidade* (V), *Velocidade* e outras. (O estudo de caso no Capítulo 4 sobre a aplicação do PEAT/ERM na Eletrobrás Furnas, no Brasil, demonstra como as medidas de vulnerabilidade são utilizadas).

As incertezas dos eventos repetitivos observados nas operações das empresas, por longos períodos, podem se tornar previsíveis, mas geralmente não com absoluta certeza. Tais observâncias podem estar associadas a funções matemáticas que refletem propriedades estatísticas de algo que pode, provavelmente, ocorrer no futuro. O risco de ocorrer um evento está ligado a dois parâmetros: o Impacto de Risco causado por um evento incerto e a probabilidade, ou Probabilidade de Risco, de um evento ocorrendo. Dada alguma probabilidade de conhecimento sobre a ocorrência de um evento de risco, quanto maior o impacto, maior o risco. Se esse impacto for zero, o risco será zero mesmo que o evento tenha uma alta probabilidade de ocorrência. O argumento oposto também é verdadeiro. Se a probabilidade de ocorrência de um evento de risco é igual a zero, então o risco é zero (este é um ambiente de pura certeza), independentemente da magnitude do impacto.

Os riscos também são separados em *Diversificáveis* (riscos que podem ser cobertos, reduzidos, mitigados e até eliminados completamente) e *não-Diversificáveis* (são riscos residuais ou excedentes que não podem ser ainda mais reduzidos). Um exemplo simples seria um risco de incêndio. Uma fábrica com um total de US$1 milhão em ativos, pode ser capaz de cobrir seu risco de incêndio comprando seguro contra incêndio e instalando um sistema de irrigação de última geração. Estes são dois *Controles de Risco* que podem custar, digamos, US$25.000 e US$15.000, respectivamente. No entanto, o risco total de US$1 milhão pode não ser completamente reduzido porque em caso de incêndio e todas as instalações são incendiadas, o seguro só pode cobrir 90% do ativo, pois tem uma franquia de US$100.000. Esta dedução de $100.000 não diversifica, e $900.000 seria o risco diversificável.

Assim, as entradas necessárias para *Probabilidade de Risco* e impacto de risco também são dividias em *Risco Diversificável* e *Risco não Diversificável*. Por interpretação, a quantidade diversificável é maior ou igual à quantidade não diversificável. A entrada de dados, nas quatro caixas, é inteiros e é baseada no intervalo previamente selecionado na seção *Configurações de Risco | Configurações Globais* onde 1-5 ou 1-10 são selecionados. A Figura 2.5 mostra um exemplo do *Elemento de Risco* com um 4 e um 3 em termos de *Probabilidade de Risco* (com base em uma faixa de 1-10), depois um 5 e um 3 em termos de *Impacto de Risco*. Assim, como KRI seria 4×5=20 para risco diversificável e 3×3=9 para risco não diversificável. Esses KRI's são calculados na grade de dados e codificados por cores de acordo com o esquema de cores anteriormente selecionado na seção | *Configurações Globais*.

A data *Criado* e a data *Atualizado* são criadas automaticamente, enquanto a data de *Vencimento* pode ser definida conforme necessário, indicando a data em que algum problema de risco precisa ser atualizado ou resolvido.

A seção de *Controles de Risco* opcional pode ser inserida, se necessário.

Usando os exemplos acima, o *Controle de Risco 1* pode ser "Seguro contra incêndio", e o "Sistema de risco" pode ser o *Controle de Risco 2*. O valor de ponderação pode ser inserido em percentual (%) de tal forma que o total seja igual a 100%, indicando quanto cada controle pode reduzir de um determinado risco. A Mitigação está entre *0%* e *100%* indicando quanto foi implementado a partir desse controle. Por exemplo, se apenas um quarto da instalação tiver controles de mitigação implementado, então isso seria introduzido em 25%. Linhas adicionais de Controles de Risco podem ser adicionadas ou removidas *clicando* nos ícones + e −. O peso total também é calculado e, por definição, deve ser de, no mínimo igual a 1.

Risco Diversificável ou *Controlável, Risco não Diversificável* ou *Residual* e *Custo de Mitigação* são entradas monetárias opcionais em cada

Elemento de Risco. Cada um requer uma entrada *Mínima, mais Provável* e *Máxima.* Claramente, o mínimo deve ser menor ou igual ao mais provável, que é então menor ou igual ao valor máximo. Inserir essas faixas de valores permitirá que você execute uma simulação de risco Monte Carlo.

Por exemplo, os riscos de violação de um contrato existente podem ter impactos financeiros. O impacto mínimo seria, digamos, US$0 se o contrato ainda estiver em vigor até o final de seu mandato, até um impacto mais provável de US$100.000 em atrasos esperados e sobrecustos da contraparte, até um máximo de US$300.000, se a contraparte se declarar insolvente, resultando em oportunidades de negócios perdidas devido à inadimplência da contraparte.

O *Custo de Mitigação* é a quantidade de dinheiro usada para reduzir a exposição ao risco de um *Elemento de Risco* específico, por exemplo, o custo de aquisição de um subcontratado secundário com termos pré-negociados, o contrato do qual só entra em vigor se o contratante original estiver inadimplente. Tais métodos de mitigação de riscos tendem a ter um custo financeiro. Finalmente, as colunas calculadas com exposição de risco na grade de dados têm algumas explicações adicionais. Por exemplo, na Figura 2.5 existem três *Controles de Risco* com os seguintes pesos: 60%, 30% e 10%, totalizando 100%. Os percentuais de implementação para esses três controles são de 100%, 0% e 0%. Isso significa que o valor esperado dos controles seria (60% × 100%) + (30% × 0%) + (10% × 0%) = 60%. Este valor de 60% é calculado automaticamente e aparece na coluna *%OK* na grade de dados. Da mesma forma, no exemplo, vemos que o risco mais provável de diversificação é de US$155.000 e o risco não-diversificável é de US$65.000. Como apenas 60% do risco diversificável controlável é executado, temos $US\$65.000 + US\$155.000(1-60\%) = US\$127.000$ restantes, ou o *nível* atual de risco.

Outro exemplo é que se não houver controles ou todos os controles tiverem 0% de mitigação, isso significa que não houve atuação dos controles de risco, então o risco atual, neste caso, seria de $US\$65.000 + US\$155.000 = US\$220.000$. Alternativamente, se todos os Controles forem 100% implementados, todos os riscos diversificáveis foram controlados e tudo o que restaria seria os riscos não diversificáveis ou $US\$65.000 + US\$155.000(1-100\%) = US\$65.000$, onde os riscos atuais equivalem a risco residual não diversificável.

ROV PROJECT ECONOMICS ANALYSIS TOOL - [C:\Users\mrab\OneDrive\ROV-USA\Livros-IIPER\ERM\Exemplo_Cap2.rovprojecon]

Arquivo(F) Editar(E) Idioma\Language) Decimais(D) Ajuda(H)

Welcome to the ROV Project Economics Analysis Tool (PEAT). This ERM module will help you perform Enterprise Risk Management by creating and modeling Risk Registers. Results will be presented in the Risk Dashboards and can be segmented by Geography, Operations, Products, Activity, and Department. Additional details can be added as Risk Events, Risk Engagements, and Risk Diagrams. Statistical analysis on Risk Controls, Risk Forecasts, and Risk Mitigation are also available. Sensitivity Analysis and Monte Carlo Risk Simulations are also applied to various Diversifiable Risk, Undiversifiable Risk, and Risk Cost levels.

ERM   Análise Aplicada   Simulação de Risco   Central de Instruções

Definições Risco | Registro Risco | Painel Risco | Eventos Risco | Risco Proposta | Diagramas Risco | Controles Risco | Previsões Risco | Mitigações Risco

Nome Elemento Risco:	Retrabalho, aumento de escopo, sol
Nome Curto/Acrônimo:	Retrabalho
Causas do Risco:	O cliente sempre muda as especificações
0001	

	Risco Diversificável	Risco Residual
Probabilidade de risco	4	3
Impacto de risco (gravidade)	5	3

Data Risco Chaves:
Criado   03/14/2014
Atualizado 11/29/2020
Vencimento 05/14/2014

% Completo
	% Peso	% Completo
Controle Risco 1	60%	100%
Controle Risco 2	30%	0%
Controle Risco 3	10%	0%
Total	100%	60%

	Min	Provável	Max
Risco diversificável ou controlável ($)	125,000	155,000	175,000
Risco não diversificável ou Residual	55,000	65,000	80,000
Custo de Mitigação ($): ($)	5,000	7,000	8,000

Consequências do Risco: Retrabalho, aumento de escopo e requisitos mudam ao longo do tempo

Resposta à Mitigação: O contrato precisa especificar o prazo para o congelamento das especificações

Plano Ação (Doc): Browse...
Status: Selecione Categoria:
Ativo   JSmith   Competição

Nome: Project DGS728 (FY 2014)

Registros Risco Selvos
Project DGS728 (FY 2014)
CEO Presentation to Board (Dec 2014)
Project MMS5528 (FY 2014)

New RR
Salvar Como RR
Edit RR
Salve RR
Delete RR
Import RR

Criar Nova   Delete Item
Salvar Estado   Relatório

	Exposição ao Risco ($) ($) ($)					Doc
	Bruto	Corrente	Residual	Custo	
	155,000	127,000	65,000	7,000	
	325,000	357,500	195,000	75,000	
	1,000,000	1,175,000	500,000	50,000	
	350,000	529,000	179,000	35,000	

?	Risco Registro	CAT	GOPAD	DIV	Criar	Editar	Venc.	Risco Diversif...			Risco Residual				Gestor	% OK	
									KRI	L	I	KRI	L	I	KRI			
1	Retrabalho	Competição	P-Dublin	EUA	3/14/2014	11/29/2020	5/14/2014	4	5	20	3	3	9	JJSmith	60%	
0001	Causa: O cliente sempre muda as especificações				Consequência:		Retrabalho, aumento de escopo e requisitos mudam ao longo do tempo							Mitigação:	O contrato precisa especificar o prazo para o congelamento das especificações	
2	Múltiplos la...	Competição	P-Dublin	EUA	3/14/2014	11/29/2020	5/14/2014	8	8	64	5	6	30	JCannon	50%	
0002	Causa: Vários concorrentes estão olhando para isso				Consequência:		Pode perder a licitação / projeto							Mitigação:	A JCannon precisa encontrar diferenciação e competitividade de preços para vencer	
3	Sobrecusto	Custo	D-Finance	EUA	3/14/2014	11/29/2020	5/14/2014	4	4	16	3	3	9	JJSmith	33%	
0003	Causa: Falta de matéria-prima e atrasos no fornecedor				Consequência:		Tempo de espera adicional necessário							Mitigação:	Obtenha vários fornecedores e assine contratos com eles por um custo extra	
4	Base de Custo	Custo	D-Finance	EUA	3/14/2014	11/29/2020	5/14/2014	4	5	20	3	3	9	RRodgers	0%	
0004	Causa: Vários concorrentes estão olhando para isso				Consequência:		Pode perder a licitação / projeto							Mitigação:	RRogers precisa encontrar diferenciação de valor e competitividade de preço	

Figura 2.5: Registro de Risco

Na seção **Painéis de Risco**, você pode criar várias visualizações completas de tabela personalizadas com relatórios, grades de dados, tabelas e imagens visuais com base em categorias específicas por G.O.P.A.D, Divisões, Categorias ou Datas. O Painel de Risco é usado para filtrar e agregar elementos de registro de risco em várias visualizações. Abaixo estão as descrições de algumas Guias. Deve-se notar que o painel exibirá apenas os resultados do *Registro de Risco* ativo. Para ativar um *Registro de Risco*, retorne à seção Registro de Risco e clique duas vezes em um *Registro de Risco* salvo. Certifique-se de ter dados de elementos de risco na grade de dados, para que o painel possa exibir os resultados.

Guia de Risco - Elementos de Risco

Na seção **Elementos de Risco**, as pontuações KRI podem ser visualizadas através de diferentes segmentos, divisões ou categorias G.O.P.A.D em sua organização, selecionadas dentro de um período de tempo especificado, como visto na Figura 2.6. Basta selecionar ou alterar as configurações relevantes, como mostrar todos os *riscos* dentro de uma categoria de risco *especificado,* especificada, *G.O.P.A.D, Divisão* ou *Gerente* de *Risco*. Em seguida, exiba todas as datas ou especifique se deve incluir uma faixa de data, bem como apenas riscos ativos ou todos os riscos, tanto ativos quanto inativos. A exibição do *Elemento de Risco* permite que os usuários visualizem KRI's codificados por cores, para cada elemento de risco e um gráfico de pizza, exibindo a porcentagem de alocação para cada código de cor KRI. A opção de *Diagrama Pareto* mostra os mesmos resultados na forma de um diagrama Pareto, onde as KRI's são classificadas de maior para menor e as contribuições de variância cumulativa são calculadas (p.ex., podemos determinar que os 5 principais elementos de risco contribuem para 80% da carteira de risco).

A seção **Mapas Risco** exibe a quantidade de *KRI*'s idênticos associados com a célula colorida, filtrados ou agregados por Categorias de risco, Divisões e Segmentos e em períodos de tempo especificados (Figura 2.7). Cada valor nas células da matriz representa o número total de Elementos de Risco classificados dentro dessa seção transversal específica dos níveis de Probabilidade e Impacto. A cor (verde a vermelho), o número de categorias de cor (3 ou 5 cores) e a granularidade da matriz de risco (**5x5** ou **10x10**) são baseados nas entradas na guia *Configurações de Risco*. Os nomes do eixo também podem ser personalizados na guia *Configurações de Risco* (Probabilidade, Impacto e Nomes de Categoria).

A seção **Grupos de Risco** mostra que o acúmulo de riscos por categoria G.O.P.A.D e de outros grupos de risco, que podem aparecer como gráficos de barras, indicando que a contagem do Elemento de Risco dentro desses grupos selecionados (Figura 2.8). A capacidade de filtrar dados para gerar relatórios personalizados vem da pré-configuração de vários componentes G.O.P.A.D e suas relações mapeadas por Tipos e Categorias de risco. No exemplo mostrado na Figura 2.8, o eixo *X* mostra os 5 níveis de risco adicionados pelos Grupos de Risco. O eixo *Y* dos gráficos de barras pode ser definido como o *KRI* total para cada Grupo de Risco ou pela contagem de Elementos de Risco.

A seção **Exposição Risco** mostra os resultados do segmento selecionado na forma de mostradores e gráficos de risco comparados com toda a Empresa (Figura 2.9). Esses mostradores e gráficos representam a Exposição de Risco Diversificável e Não-Diversificável para a Categoria e Período de tempo selecionados, somando todas as exposições monetárias ou em dólar dos elementos de risco relevantes no Registro de Risco Ativo. Todos os termos padrão para Risco Residual Diversificável e Não-Diversificável podem ser definidos por usuário na guia Configurações de Risco, conforme descrito acima.

Este relatório fornece uma representação visual de cima para baixo (*drop-down*) da estrutura da empresa e suas associações de **risco** ou **Taxonomia**, bem como uma visão inferior de como um risco específico permeia toda a empresa (Figura 2.10).

Perfis e relatórios de risco personalizados por Divisão, classificação G.O.P.A.D, Categoria de Risco, Datas de Risco e assim por diante, podem ser facilmente configurados para consultar o Registro de Risco Ativo sobre todos os elementos de risco relevantes que são classificados dentro dos parâmetros de pesquisa e retornar um **Inventário de Risco** de todos os riscos identificados (Figura 2.11). Este relatório facilita o Monitoramento de Riscos em gerenciamento de projetos, tarefas, conclusão e atribuições. Também permite a governança de riscos fornecer um resumo da eficácia da gestão do risco, um registro de auditoria de risco e sua conformidade; além de cumprir as Normas da Organização Internacional para a Padronização (ISO).

Veja o Capítulo 3 sobre como a metodologias da ROV e da suíte PEAT atendem a vários padrões globais de risco como: COSO, BASILEA III/IV, NIST e ISO 31000:2009, entre outros.

A seção **Probabilidade de Risco** dá aos usuários a capacidade de calcular a função de densidade de probabilidade (PDF) e a função de distribuição cumulativa (CDF) de um evento de risco discreto que ocorre, ou as quantidades de risco contínuo através da experiência histórica. A análise é semelhante à da ferramenta análise de distribuição no *Risk Simulator*, quando após a seleção de uma distribuição de probabilidade e inserção dos parâmetros de entrada necessários, os valores PDF e CDF retornam como tabela de probabilidade.

A Figura 2.12 mostra um exemplo, onde se seleciona uma distribuição discreta de **Poisson** e o valor *lambda* (média) inserido é de 1,5 (p.ex., os dados foram coletados por 3 meses sobre o número de erros nos depósitos bancários por cheque, por semana de trabalho, em uma agência específica de um banco nacional, e os dados mostram que há, em média, 1,5 erros por semana de trabalho). Quando você configura algumas faixas de início e fim e tamanho de etapa, a tabela calculada mostra a probabilidade PDF e a probabilidade cumulativa de CDF de uma série de eventos em uma categoria de risco específica por semana de trabalho (erros em cheques depositados). A probabilidade de que, dentro de qualquer semana de trabalho, não haja erros nos cheques depositados é de 22,31%, exatamente um erro é de 33,47%, exatamente dois erros é de 25,10%, e assim por diante. Cumulativamente, também podemos dizer que temos 93,44% de certeza de que, dentro de qualquer semana de trabalho, ocorrerão três ou menos erros de eventos de risco da mesma categoria de risco, assumindo que a história é o melhor indicador de desempenho futuro.

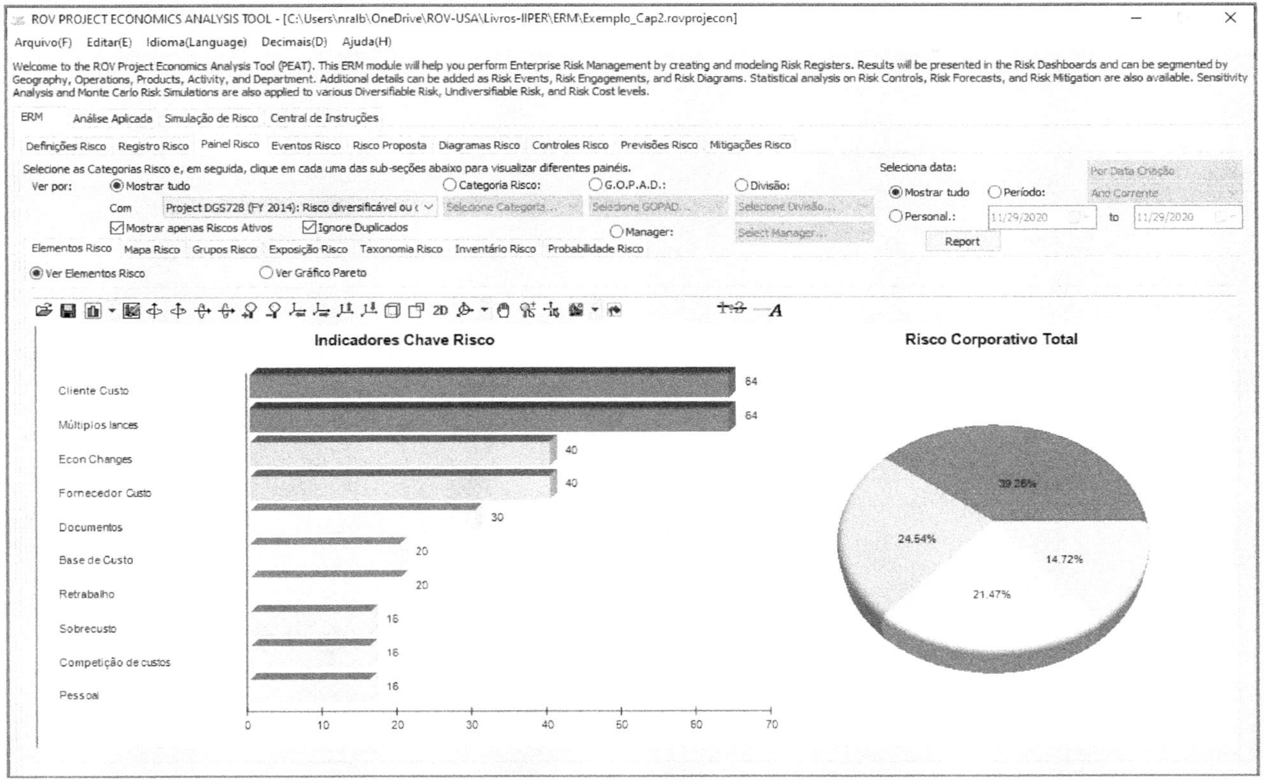

Figura 2.6: Elementos de Risco na Guia de Risco

ROV PROJECT ECONOMICS ANALYSIS TOOL - [C:\Users\nralb\OneDrive\ROV-USA\Livros-IIPER\ERM\Exemplo_Cap2.rovprojecon]   —   ☐   ✕

Arquivo(F)   Editar(E)   Idioma(Language)   Decimais(D)   Ajuda(H)

Welcome to the ROV Project Economics Analysis Tool (PEAT). This ERM module will help you perform Enterprise Risk Management by creating and modeling Risk Registers. Results will be presented in the Risk Dashboards and can be segmented by Geography, Operations, Products, Activity, and Department. Additional details can be added as Risk Events, Risk Engagements, and Risk Diagrams. Statistical analysis on Risk Controls, Risk Forecasts, and Risk Mitigation are also available. Sensitivity Analysis and Monte Carlo Risk Simulations are also applied to various Diversifiable Risk, Undiversifiable Risk, and Risk Cost levels.

ERM   Análise Aplicada   Simulação de Risco   Central de Instruções

Definições Risco | Registro Risco | Painel Risco | Eventos Risco | Risco Proposta | Diagramas Risco | Controles Risco | Previsões Risco | Mitigações Risco

Selecione as Categorias Risco e, em seguida, clique em cada uma das sub-seções abaixo para visualizar diferentes painéis.

Ver por: ● Mostrar tudo   ○ Categoria Risco: ○ G.O.P.A.D.:   ○ Divisão:

Com   Project DGS728 (FY 2014): Risco diversificável ou ✔   Selecione Categoria...   Selecione GOPAD...   Selecione Divisão...

☑ Mostrar apenas Riscos Ativos   ☑ Ignore Duplicados   ○ Manager: Select Manager...

Seleciona data:
● Mostrar tudo   ○ Período:
○ Personal.:   11/29/2020   to   11/29/2020
Por Data Criação
Ano Corrente

Report

Elementos Risco | Mapa Risco | Grupos Risco | Exposição Risco | Taxonomia Risco | Inventário Risco | Probabilidade Risco

KRI (contagem): Mapa Térmico

Impacto de risco (gravidade)	10%	20%	30%	40%	50%	60%	70%	80%	90%	95%	
Extremamente Alto		2	1		2						5
Significativament...											0
Muito Alto	3										5
Alto											0
Acima da Média								2			0
Média											0
Abaixo da Média											0
Baixo											0
Muito Baixo											0
Não Existe											0
	0	5	1	2	0	0	0	0	0	0	10

Probabilidade de risco (frequência)

0   Baixo Risco
3   Risco Moderado
3   Risco Significativo
2   Risco Muito Alto
2   Risco Crítico

* Key Risk Indicator Heat Maps are for risk visualization and risk density identification and are not used for decision making purposes.

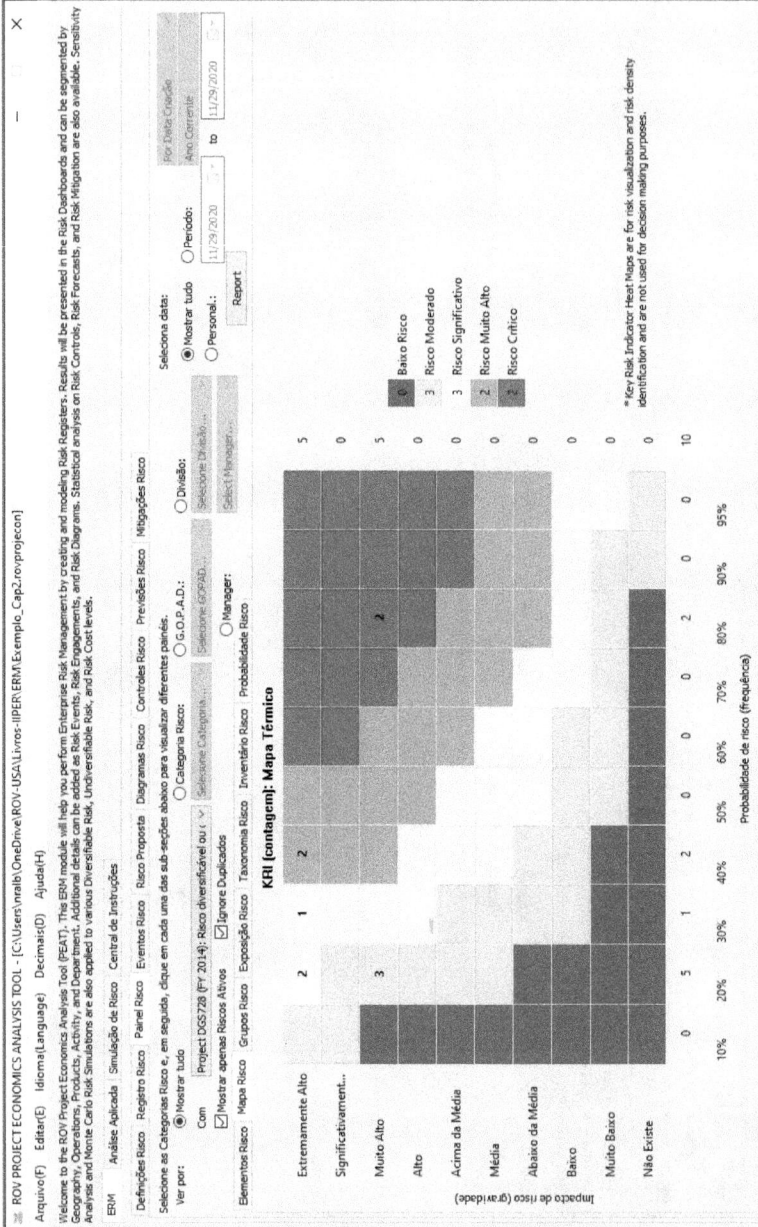

Figura 2.7: Mapa Térmico de Risco na Guia de Risco

ROV PROJECT ECONOMICS ANALYSIS TOOL - [C:\Users\mralb\OneDrive\ROV-USA\Livros-IIPER\ERM\Exemplo_Cap2.rovprojecon]

Arquivo(F)   Editar(E)   Idioma(Language)   Decimasis(D)   Ajuda(H)

Welcome to the ROV Project Economics Analysis Tool (PEAT). This ERM module will help you perform Enterprise Risk Management by creating and modeling Risk Registers. Results will be presented in the Risk Dashboards and can be segmented by Geography, Operations, Products, Activity, and Department. Additional details can be added as Risk Events, Risk Engagements, and Risk Controls, Risk Forecasts, and Risk Mitigation are also available. Sensitivity Analysis and Monte Carlo Risk Simulations are also applied to various Diversifiable Risk, Undiversifiable Risk, and Risk Cost levels.

ERM   Análise Aplicada   Simulação de Risco   Central de Instruções

Definições Risco   Registro Risco   Painel Risco   Eventos Risco   Risco Proposta   Diagramas Risco   Controles Risco   Previsões Risco   Mitigações Risco

Selecione as Categorias Risco e, em seguida, clique em cada uma das sub-seções abaixo para visualizar diferentes painéis.

Ver por: ○ Mostrar tudo   ○ Categoria Risco   ○ G.O.P.A.D.:   ○ Divisão:

Com   Project DGS728 (FY 2014): Risco diversificável ou   ○ Selecionar Categoria   Selecionar GOPAD.   Selecione Divisão:

☑ Mostrar apenas Riscos Ativos   ☑ Ignore Duplicados   ○ Manager: Select Manager...

Elementos Risco   Mapa Risco   Grupos Risco   Exposição Risco   Taxonomia Risco   Inventário Risco   Probabilidade Risco

○ KRI (Soma):   Mostrar Todas Categorias   ○ Elemento Risco (Contagem)

Selecione data:
⦿ Mostrar tudo   ○ Período: Por Data Criação / Ano Corrente
○ Personal.:   11/29/2020   to   11/29/2020

Report

Sumário por Grupos (KRI (Soma))

■ Baixo Risco
  Risco Moderado
  Risco Significativo
■ Risco Muito Alto
■ Risco Crítico

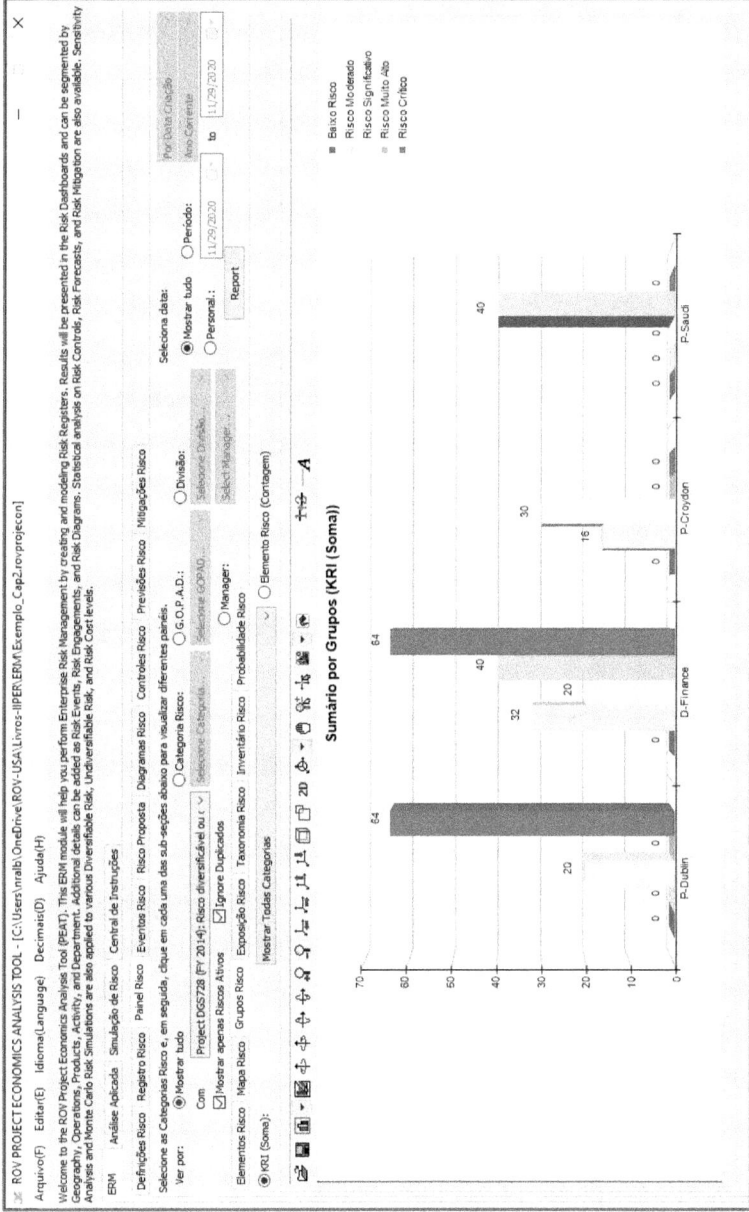

Figura 2.8: Grupos de Risco na Guia de Risco (Contagem de Elementos de Divisão)

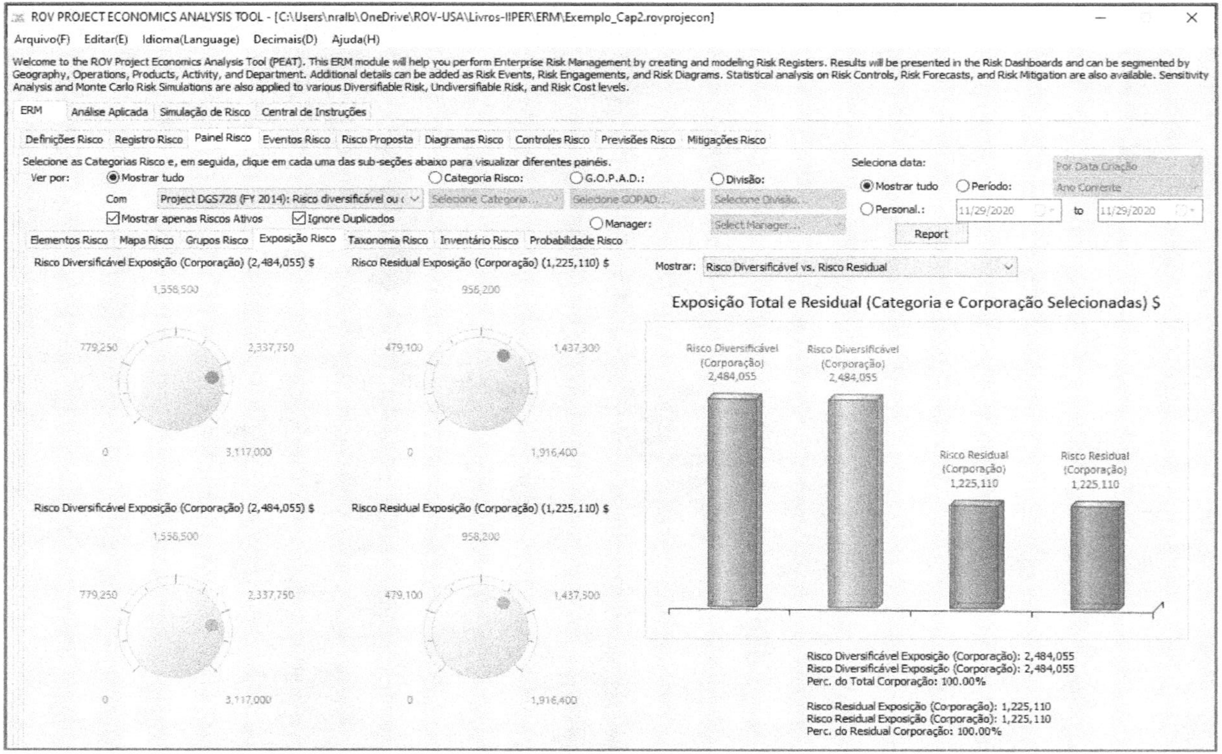

Figura 2.9: Níveis de Exposição ao Risco na Guia de Risco (por G.O.P.A.D. e Corporativo)

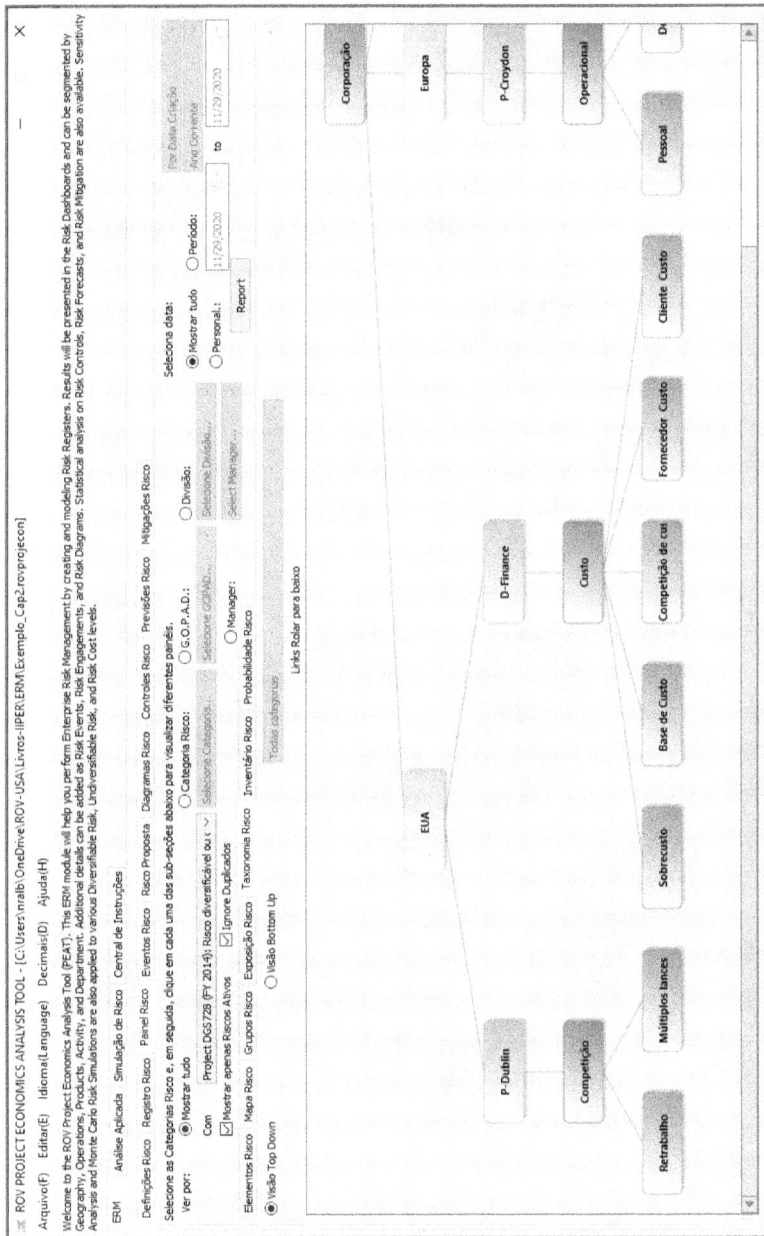

Figura 2.10: Taxonomia de Risco (Visão Descendente) na Guia de Risco

Welcome to the ROV Project Economics Analysis Tool (PEAT). This ERM module will help you perform Enterprise Risk Management by creating and modeling Risk Registers. Results will be presented in the Risk Dashboards and can be segmented by Geography, Operations, Products, Activity, and Department. Additional details can be added as Risk Events, Risk Engagements, and Risk Diagrams. Statistical analysis on Risk Controls, Risk Forecasts, and Risk Mitigation are also available. Sensitivity Analysis and Monte Carlo Risk Simulations are also applied to various Diversifiable Risk, Undiversifiable Risk, and Risk Cost levels.

ERM   Análise Aplicada   Simulação de Risco   Central de Instruções

Definições Risco Registro Risco Painel Risco Eventos Risco Risco Proposta Diagramas Risco Controles Risco Previsões Risco Mitigações Risco

Selecione as Categorias Risco e, em seguida, clique em cada uma das sub-seções abaixo para visualizar diferentes painéis.

Ver por: ● Mostrar tudo

Com Project DGS728 (FY 2014); Risco diversificável ou r ˅   Selecione Categoria...   ○ G.O.P. A.D.:   Selecione GOPAD...   ○ Divisão: Selecione Divisão...
☑ Mostrar apenas Riscos Ativos   ☑ Ignore Duplicados   ○ Manager: Select Manager...

Selecione data: ● Mostrar tudo   ○ Período: Por Data Criação: Ano Corrente
                 ○ Personal.: 11/29/2020 to 11/29/2020
                 🔍 Report

Elementos Risco Mapa Risco Grupos Risco Exposição Risco Taxonomia Risco Inventário Risco Probabilidade Risco

#	Registro	CAT	GOPAD	DIV	Criar	Editar	Venc.	Risco Diversif... KRI	I	Risco Residual KRI	I	Gestor	% OK	Exposição ao Risco ($)($)($) Bruto	Corrente	Residual	Custo	Doc
1	Retrabalho	Competição	P-Dublin	EUA	3/14/2014	11/29/2020	5/14/2014	4	5	20	3	3	9	JJSmith	60%	155,000	127,000	65,000	7,000	
0001	Causa: O cliente sempre muda as especificações													Mitigação:	O contrato precisa especificar o prazo para o congelamento das especificações				
2	Múltiplos la...	Competição	P-Dublin	EUA	3/14/2014	11/29/2020	5/14/2014	8	8	64	5	6	30	JCannon	50%	325,000	357,500	195,000	75,000	
0002	Causa: Vários concorrentes estão olhando para isso													Mitigação:	A JCannon precisa encontrar diferenciação e competitividade de preços para vencer				
3	Sobrecusto	Custo	D-Finance	EUA	3/14/2014	11/29/2020	5/14/2014	4	4	16	3	3	9	JJSmith	33%	1,000,000	1,175,000	500,000	50,000	
0003	Causa: Falta de matéria-prima e atrasos no fornecedor													Mitigação:	Obtenha vários fornecedores e assine contratos com eles por um custo extra				
4	Base de Custo	Custo	D-Finance	EUA	3/14/2014	11/29/2020	5/14/2014	4	5	20	3	3	9	RRodgers	0%	350,000	529,000	179,000	35,000	
0004	Causa: Vários concorrentes estão olhando para isso													Mitigação:	RRogrers precisa encontrar diferenciação de valor e competitividade de preço				
5	Pessoal	Operacional	P-Croydon	Europa	3/14/2014	11/29/2020	5/14/2014	4	4	16	3	3	9	SMinh	0%	89,000	118,000	29,000	2,500	
0005	Causa:													Mitigação:					
6	Competição...	Custo	D-Finance	EUA	3/14/2014	11/29/2020	5/14/2014	4	4	16	3	3	9	SMinh	0%	85,555	121,110	35,555	6,500	
0006	Causa: Vários concorrentes estão olhando para isso													Mitigação:	SMinh precisa criar competitividade de preços para vencer				
7	Fornecedor ...	Custo	D-Finance	EUA	4/8/2014	11/29/2020	6/8/2014	8	5	40	4	4	16	JCannon	0%	174,500	244,000	69,500	29,000	
0007	Causa:													Mitigação:					

Figura 2.11: Inventário de Risco na Guia de Risco

Arquivo(F) Editar(E) Idioma(Language) Decimais(D) Ajuda(H)

Welcome to the ROV Project Economics Analysis Tool (PEAT). This ERM module will help you perform Enterprise Risk Management by creating and modeling Risk Registers. Results will be presented in the Risk Dashboards and can be segmented by Geography, Operations, Products, Activity, and Department. Additional details can be added as Risk Events, Risk Engagements, and Risk Diagrams. Statistical analysis on Risk Controls, Risk Forecasts, and Risk Mitigation are also available. Sensitivity Analysis and Monte Carlo Risk Simulations are also applied to various Diversifiable Risk, Undiversifiable Risk, and Risk Cost levels.

ERM   Análise Aplicada   Simulação de Risco   Central de Instruções

Definições Risco Registro Risco Painel Risco Eventos Risco Risco Proposta Diagramas Risco Controles Risco Previsões Risco Mitigações Risco

Selecione as Categorias Risco e, em seguida, clique em cada uma das sub-seções abaixo para visualizar diferentes painéis.

Ver por: ⦿ Mostrar tudo

Com Project DGS728 (FY 2014): Risco diversificável ou ⌄   ◯ Selecione Categoria: ◯ G.O.P.A.D.:   ◯ Divisão:

☑ Mostrar apenas Riscos Ativos ☑ Ignore Duplicados   Selecione Categoria...   Selecione GOPAD...   Selecione Divisão...

Elementos Risco Mapa Risco Grupos Risco Exposição Risco Taxonomia Risco Inventário Risco Probabilidade Risco   ◯ Manager: Select Manager...

Selecciona data: ⦿ Mostrar tudo   ◯ Período: Por Data Criação / Ano Corrente
◯ Personal: 11/29/2020   to   11/29/2020

Report

Entrar com os Parâmetros da Distribuição:

Lambda 1.5

Entrar com Tabela Propriedades:

Inicial X Valor: 0.0000
Final X Valor: 8.0000
Tam. Salto: 1.0000

Mostrar: 2 ⬍ decimais

Rodar

Valor X	PROB	CUM.
0.00	22.31%	22.31%
1.00	33.47%	55.78%
2.00	25.10%	80.88%
3.00	12.55%	93.44%
4.00	4.71%	98.14%
5.00	1.41%	99.55%
6.00	0.35%	99.91%
7.00	0.08%	99.98%
8.00	0.01%	100.00%
	Percentil	Valor X
	0.00%	0.00
	10.00%	0.00
	20.00%	0.00
	30.00%	1.00
	40.00%	1.00
	50.00%	1.00
	60.00%	2.00
	70.00%	2.00
	80.00%	2.00
	90.00%	3.00
	100.00%	12.00

Binomial   Normal   Poisson   Triangular

Arco Seno   Bernoulli   Beta   Beta 3

Beta 4   Cauchy   Qui-Quadrada   Cosseno

Uniforme Discreta   Logarítmica Dupla   Erlang   Exponencial

Distribuição Poisson
A distribuição Poisson descreve o número de vezes que um evento ocorre em um dado intervalo, como o número de telefonemas por minuto ou o número de erros por página em um documento. O número de ocorrências possíveis em qualquer intervalo é ilimitado, pois as ocorrências são independentes. O número de ocorrências em um intervalo não afeta o número de ocorrências em outro, e o número médio de ocorrências deve permanecer o mesmo de um intervalo para outro. A taxa ou o lambda é o único parâmetro de distribuição.
Requisitos de entrada:
Taxa > 0 e ≤ 1000

Figura 2.12: Análise Precisa de Probabilidades (CDF e PDF) na Guia de Risco

Riscos - Diagramas

Na seção **Diagramas de Risco**, você pode usar os modelos já desenvolvidos como Diagramas Borboleta para analisar diagramas de perigos, Diagrama de *Ishikawa* ou *Fishbone*, Diagramas de Implantação, Diagramas de Influência, Diagrama de Mapas Mentais e Diagramas de Nó, para adaptar ou criar diagramas personalizados. Em certas ocasiões, diagramas de risco personalizados, como os da Figura 2.13, podem ser usados para ilustrar melhor o processo, mitigação, causas e efeitos e impactos dos riscos do Registro de Risco. Clique com o botão direito do mouse na guia *Diagrama de Risco 1* para *Adicionar, Excluir* ou *Renomear* diagramas existentes. Além disso, vários modelos de diagramas clássicos, pré-definidos, estão disponíveis na lista de *drop-down* para ajudar os usuários a começar a gerar seus próprios diagramas de risco.

Riscos - Controles

O sistema PEAT/ERM também permite criar tabelas com indicadores e tendência de Risco em KRI na Guia **Controle de Risco** ao longo do tempo (Figura 2.14), e os controles podem ser aplicados a processos estatísticos. As tabelas de controle ajudam a determinar visual e estatisticamente se um evento de risco específico é tratado ou está fora de controle. Por exemplo, se o número de eventos de risco, como um acidente de planta ou picos dentro de um determinado período de tempo, era o conjunto de eventos esperados em circunstâncias estatisticamente normais ou era um evento atípico, que exigia uma análise mais aprofundada?

Comece digitando ou colando alguns dados históricos na grade. Selecione o tipo de tabela a ser exibida e digite a variável para testar (por exemplo, VAR**7**). Finalize clicando em *Executar.* Várias tabelas podem ser salvas para recuperar no futuro adicionando um nome e clicando em *Salvar Como.*

Os limites de controle estatístico para tabelas são calculados com base em dados reais coletados (p.ex., o número de riscos de produção em uma fábrica). O número de eventos de risco é tomado ao longo do tempo e o limite de controle superior (**UCL**) e o limite de controle inferior (**LCL**) são calculados, como a linha central (**CL**) e outros níveis *sigma*. A tabela resultante é chamada de **tabela de controle** e, se o processo estiver fora de controle, a linha de defeito real estará fora das linhas UCL e LCL. Normalmente, quando a LCL tem um valor negativo, nós definimos o piso para zero. O software ERM tem vários tipos de tabelas de controle, e cada tipo é usado em circunstâncias diferentes.

- *Tabela X*: Usado quando a variável tem valores brutos de dados e há múltiplas medições em um experimento amostral, quando vários experimentos são executados, e quando há interesse na média dos dados coletados.

- *Tabela R*: Usado quando a variável tem valores brutos e há múltiplas medidas em um experimento amostral, quando vários experimentos são executados, e quando há interesse na gama dos dados coletados.

- *Tabela XmR:* Usado quando a variável tem dados brutos e é uma única medida feita em cada experimento amostral, quando vários experimentos são executados, e quando há interesse no valor real dos dados coletados.

- *Tabela P:* utilizada quando a variável de interesse é um atributo(p.ex., defeituosa ou não defeituosa) e os dados coletados são em proporção a defeitos (ou número de defeitos em uma amostra específica) e há múltiplas medições em um experimento amostral, múltiplos experimentos são executados e há interesse na proporção média de defeitos nos dados coletados; e quando o número de amostras coletadas difere em cada experimento.

- *Tabela PN:* utilizada quando a variável de interesse é um atributo (p.ex., defeituosa ou não defeituosa) e os dados coletados são em proporção a defeitos (ou número de defeitos em uma amostra específica) e quando existem múltiplas medições em um experimento amostral, múltiplos experimentos são executados e quando há interesse na proporção média de defeitos nos dados coletados; igualmente, o número de amostras coletadas em cada experimento é constante para todos os experimentos.

- *Tabela C:* utilizado quando a variável de interesse é um atributo (p.ex., defeituoso ou não) e os dados coletados é o número total de defeitos (contagem real em unidades) e há medições em um experimento amostral, múltiplos experimentos são executados e o número médio de defeitos nos dados coletados é de interesse; além disso, o número de amostras coletadas em cada experimento é o mesmo.

- *Tabela U:* usado quando a variável de interesse é um atributo (p.ex., defeituoso ou não) e os dados coletados são os defeitos totais (contagem real em unidades) e há múltiplas medições em um experimento amostral, múltiplos experimentos são executados e o número médio de defeitos nos dados coletados é de interesse; além disso, o número de amostras coletadas difere em cada experimento.

Riscos - Previsão

Os dados de risco históricos podem ser usados para aplicar modelagem preditiva para prever estados de risco futuros, bem como rastreamento de riscos, previsões de risco em série temporal, probabilidade de ocorrência PDF/CDF e imagens por período e ao longo do tempo (Figura 2.15). Na seção **Previsão de Risco,** seja usando dados históricos ou estimativas de especialistas, você pode executar modelos de previsão em séries temporais ou dados transversais, aplicando análises avançadas de previsão, como a ARIMA, Auto ARIMA, Auto Econometria, Econometria Básica, *Splines Cúbica,* Lógica Difusa, GARCH (8 variações), Curvas-J Exponenciais e Curvas-S Logísticas, Cadeias Markov, Modelos Lineares Generalizados (*Logit, Probit* e *Tobit*), Regressões Multivariadas (Lineares e Não Lineares), Redes Neurais, Processos Estocásticos (Movimento Browniano, Reversão a Média, Difusão com Salto),

Riscos - Mitigação

A seção de **Mitigação de Risco** do PEAT/ERM ajuda a determinar se uma estratégia ou técnica específica de mitigação de riscos está funcionando, pelo menos estatisticamente falando (Figura 2.16). Os gestores de risco podem coletar dados antes e depois de implementar uma estratégia de mitigação de riscos e determinar se há uma diferença estatisticamente significativa entre os dois. A utilidade permite a avaliação e o cálculo estatístico da eficácia dos programas de mitigação de riscos, por meio de diversos métodos de teste de hipóteses. Por exemplo, no evento de risco devido a erros nos depósitos de cheques, o banco poderia potencialmente investir em *scanners* de verificação de alta resolução com software de reconhecimento óptico de caracteres contendo algoritmos, para verificar quaisquer possíveis erros humanos. Ao rastrear o número de erros de verificação antes de implantar o novo sistema de *scanner* e compará-los após a implantação, os analistas de risco podem determinar a eficácia e eficiência do *scanner*, se valeu a pena o dinheiro que foi investido e se *scanners* adicionais devem ser implantados em todas as outras agências bancárias.

Riscos - Conhecimento

Qualquer bom sistema ERM deve sempre incluir guias de início rápido e vídeos de treinamento. No módulo PEAT/ERM ,guia Central de Instruções, são apresentados slides, materiais de treinamento e vídeos totalmente personalizáveis para uma organização (Figura 2.17).

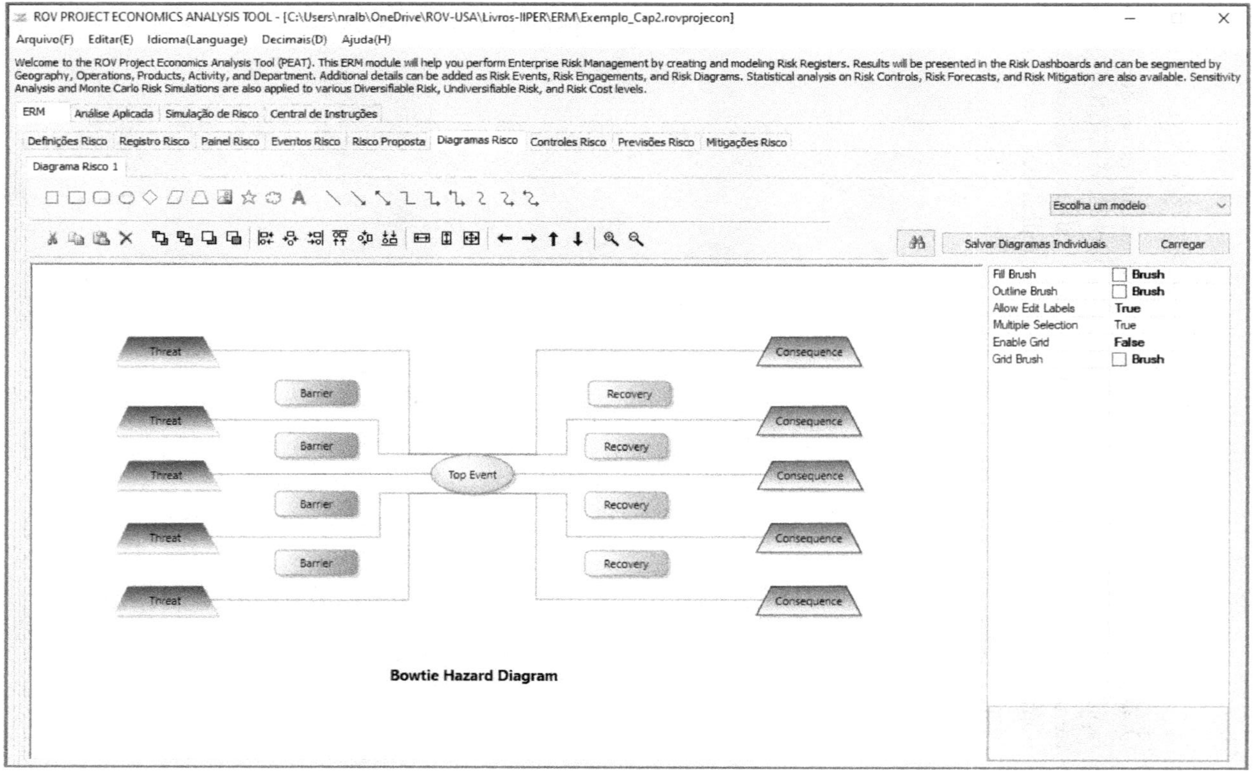

Figura 2.13: Diagrama de Risco

Arquivo(F)   Editar(E)   Idioma(Language)   Decimais(D)   Ajuda(H)

Welcome to the ROV Project Economics Analysis Tool (PEAT). This ERM module will help you perform Enterprise Risk Management by creating and modeling Risk Registers. Results will be presented in the Risk Dashboards and can be segmented by Geography, Operations, Products, Activity, and Department. Additional details can be added as Risk Events, Risk Engagements, and Risk Diagrams. Risk Controls, Risk Forecasts, and Risk Mitigation are also available. Sensitivity Analysis and Monte Carlo Risk Simulations are also applied to various Diversifiable Risk, Undiversifiable Risk, and Risk Cost levels.

ERM   Análise Aplicada   Simulação de Risco   Central de Instruções

Definições Risco   Registo Risco   Painel Risco   Eventos Risco   Risco Proposta   Diagramas Risco   Controles Risco   Previsões Risco   Mitigações Risco

Análises

Gráfico de controle: C
Gráfico de controle: NP
Gráfico de controle: P
Gráfico de controle: R
Gráfico de controle: U
Gráfico de controle: X
Gráfico de controle: XMR
Gráficos: Área 2D
Gráficos: Barras 2D
Gráficos: Linhas 2D

Carregar Exemplo   Limpar dados

Nome: Var7

Dados:
> Var1

Nome: Control Chart C

Modelo
Chart 2D Área
Chart 2D Bar
Chart 2D Line
Chart 2D Pareto
Chart 2D Point
Chart 2D Scatter
Chart 3D Área
Chart 3D Bar
Chart 3D Line

Salvar Como
Salvar
Editar
Deletar

< >

Roder   Grade   Copiar Gráfico

Nome	VAR1 M1	VAR2 M2	VAR3 X2	VAR4 X4
1	138.9000	286.7000	185.0000	79.6000
2	139.4000	287.8000	600.0000	1.0000
3	139.7000	289.1000	372.0000	32.3000
4	139.7000	290.1000	142.0000	45.1000
5	140.7000	292.3000	432.0000	190.8000
6	141.2000	293.9000	290.0000	31.8000
7	141.7000	295.3000	346.0000	678.4000
8	141.9000	296.4000	328.0000	340.8000
9	141.0000	296.5000	354.0000	239.6000
10	140.5000	296.6000	266.0000	111.9000
11	140.4000	297.2000	320.0000	172.5000
12	140.0000	297.8000	197.0000	12.2000
13	140.0000	298.3000	266.0000	205.6000
14	139.9000	298.5000	173.0000	154.6000
15	139.8000	299.2000	190.0000	49.7000
16	139.6000	300.1000	239.0000	30.3000
17	139.6000	301.0000	190.0000	92.8000
18	139.6000	302.2000	241.0000	96.9000
19	140.2000	304.2000	189.0000	39.8000
20	141.3000	306.8000	358.0000	489.2000
21	141.2000	308.2000	315.0000	767.6000
22	140.9000	309.6000	303.0000	163.6000
23	140.9000	311.0000	228.0000	55.0000
24	140.7000	312.3000	134.0000	54.9000

DefectUnits — LCL — CL — UCL — 1 Sigma — 2 Sigma — 1 Sigma — 2 Sigma

Valor / Itn.

Figura 2.14: Gráficos de Controle de Risco (amostra de gráfico C)

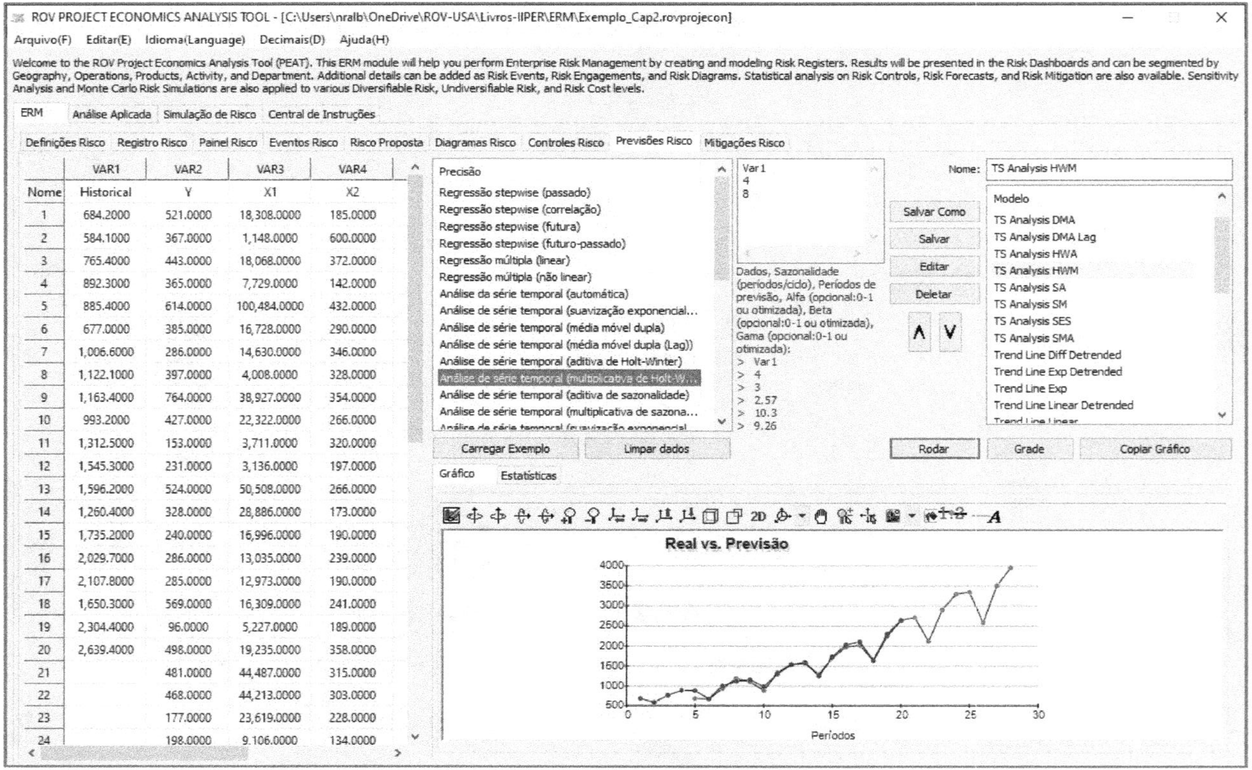

Figura 2.15: Previsão de Risco

Arquivo(F)   Editar(E)   Idioma(Language)   Decimais(D)   Ajuda(H)

Welcome to the ROV Project Economics Analysis Tool (PEAT). This ERM module will help you perform Enterprise Risk Management by creating and modeling Risk Registers. Results will be presented in the Risk Dashboards and can be segmented by Geography, Operations, Products, Activity, and Department. Additional details can be added as Risk Events, Risk Engagements, and Risk Diagrams. Statistical analysis on Risk Controls, Risk Forecasts, and Risk Mitigation are also available. Sensitivity Analysis and Monte Carlo Risk Simulations are also applied to various Diversifiable Risk, Undiversifiable Risk, and Risk Cost levels.

ERM   Análise Aplicada   Simulação de Risco   Registro Risco   Painel Risco   Eventos Risco   Risco Proposta   Central de Instruções

Definições Risco   Registro Risco   Painel Risco   Eventos Risco   Risco Proposta   Diagramas Risco   Controles Risco   Previsões Risco   Mitigações Risco

Nome	VAR1	VAR2	VAR3	VAR4
	DATA1	DATA2	DATA3	DATA4
1	10.0000	10.0000	10.0000	10.0000
2	43.0000	13.0000	17.0000	14.0000
3	14.0000	3.0000	14.0000	14.0000
4	15.0000	15.0000	12.0000	15.0000
5	18.0000	32.0000	18.0000	18.0000
6	19.0000	24.0000	19.0000	32.0000
7	19.0000	55.0000	19.0000	19.0000
8	21.0000	3.0000	22.0000	21.0000
9	22.0000	22.0000	21.0000	22.0000
10	21.0000	22.0000	21.0000	21.0000
11	26.0000	23.0000	26.0000	26.0000
12	28.0000	28.0000	28.0000	28.0000
13	29.0000	56.0000	29.0000	29.0000
14	30.0000	30.0000	30.0000	30.0000
15	33.0000	33.0000	33.0000	22.0000
16	32.0000	37.0000	44.0000	53.0000
17	39.0000	75.0000	39.0000	39.0000
18	44.0000	44.0000	44.0000	44.0000
19	44.0000	44.0000	44.0000	44.0000
20	46.0000	46.0000	46.0000	46.0000
21	48.0000	48.0000	21.0000	48.0000
22	55.0000	55.0000	55.0000	55.0000
23	57.0000	57.0000	57.0000	57.0000
24	66.0000	66.0000	66.0000	66.0000

Análises

Não paramétrica: Teste de Friedman
Não paramétrica: Teste de Kruskal-Wallis
Paramétrica: Variâncias de duas variáveis (F)
Paramétrica: Médias dependentes de duas variáveis (T)
Paramétrica: Variância igual independente de duas variá...
Paramétrica: Variância diferente independente de duas ...
Paramétrica: Médias independentes de duas variáveis (Z)
Paramétrica: Proporções independentes de duas variáv...

Carregar Exemplo   Limpar dados

Variância igual independente de duas variáveis (T)
Observações de coluna 1 : 28
Média de exemplo da coluna 1 : 35.892857
Desvio padrão de exemplo da coluna 1 : 16.555942
Observações da coluna 2 : 28
Média de exemplo da coluna 2 : 37.428571
Desvio padrão de exemplo da coluna 2 : 20.810305
Diferência média de exemplo : -1.535714
Estatística t : -0.305582
Média hipotética : 0.000000

P-valor da cauda esquerda : 0.380549
não significante em nenhum destes níveis de significância: 1%, 5% e 10%
não rejeitada
não significativamente menor que a diferença média hipotética.

P-valor da cauda direita : 0.619451
não significante em nenhum destes níveis de significância: 1%, 5% e 10%
não rejeitada
não significativamente maior que a diferença média hipotética.

P-valor bicaudal : 0.761098
não significante em nenhum destes níveis de significância: 1%, 5% e 10%
não rejeitada
não significativamente diferente da diferença média hipotética.

Nome: Two Var T Independent Equal Variance

Modelo

Two Var T Dependent Means
Two Var T Independent Equal Variance
Two Var T Independent Unequal Variance
Two Var Z Independent Means
Two Var Z Independent Proportions
Two Var F Variances
Nonparametric: Friedman's Test
Nonparametric: Kruskal-Wallis Test

Salvar Como
Salvar
Editar
Deletar
˄   ˅

Rodar   Grade   Copiar Resultados

Var1;Var2
0

Dados (=2), Média hipotética:
Var1; Var2
5

Figura 2.16: Mitigação de Riscos

Arquivo(F)　Editar(E)　Idioma(Language)　Decimais(D)　Ajuda(H)

Welcome to the ROV Project Economics Analysis Tool (PEAT). This ERM module will help you perform Enterprise Risk Management by creating and modeling Risk Registers. Results will be presented in the Risk Dashboards and can be segmented by Geography, Operations, Products, Activity, and Department. Additional details can be added as Risk Events, Risk Engagements, and Risk Diagrams. Statistical analysis on Risk Controls, Risk Forecasts, and Risk Mitigation are also available. Sensitivity Analysis and Monte Carlo Risk Simulations are also applied to various Diversifiable Risk, Undiversifiable Risk, and Risk Cost levels.

ERM　　Análise Aplicada　　Simulação de Risco　　Central de Instruções

Procedimentos Passo-a-Passo　　Lições Básicas de Análise Econômica de Projetos　　Vídeos para Iniciar

[<< Prev]　　Passo 01 de 33　　[Prox >>]

Bem-vindo a Central de Conhecimento da Ferramenta de Análise de econômica de Projeto (PEAT) do ROV. Aqui você vai encontrar guias de introdução e amostras de procedimentos que vão ajudá-lo a rapidamente entender como utilizar esse módulo. Clique nos botões Anterior e Próximo para navegar pelos slides ou para ver os vídeos de introdução. Alguns elementos nas figuras abaixo também são destacados em amarelo para atrair a sua atenção para estas áreas-chave discutidas no slide. Quando você iniciar o PEAT, primeiro selecione o módulo que deseja executar (por exemplo, Gerenciamento de Risco Corporativo, Gerenciamento de Projetos, Investimento Corporativo e assim por diante; módulos adicionais serão adicionados em versões futuras). Em seguida, selecione Novo (para iniciar um novo modelo do zero), Abrir (abrir um modelo existente), ou Carregar Exemplo (para carregar um modelo de exemplo já concluído (esta última opção é útil ao tentar aprender as funcionalidades do software). Avançando, assumimos que o módulo Gerenciamento de Risco Corporativo está selecionado e o Carregar Exemplo é clicado.

Real Options Valuation

Project Economics Analysis Tool

© Copyright 2012-2018 Real Options Valuation, Inc.

Aplicação da metodologia de Gestão Integrada de Risco (simulação de risco Monte Carlo, estratégia com opções reais, previsão estocástica, métodos econômicos aplicados a negócios, e otimização de carteira) para análise econômico financeira de projetos e portfólio.

○ Investimentos Corporativos - FCD Estocástico
○ Gestão de Risco Empresarial (ERM) - Registro de Risco
○ Gestão de Projetos - Riscos em Prazos e Custos
○ Análise de Metas - Modelagem Vendas e Gasodutos
○ Bancos - Risco de Crédito, Mercado, Operacional e Liquidez
○ Investimentos Corporativos - Comprar vs. Amendar
○ Setor Público - Valor Adicionado por Conhecimento
○ Óleo e Gás - Decisão de Investimento
○ Óleo e Gás - Análise de Reservas
○ Óleo e Gás - Recuperação de Óleo Remanescente
○ Óleo e Gás - Curvas Tipo Poços
● Modelos Criptografados Personalizados

[Carregar Exemplos]　[Portuguese　∨]

[Iniciar Módulo]　　[Sair]

| Healthcare - Ferramentas Análise Econômica (HEAT) ∨ |
| Healthcare - Ferramentas Análise Econômica (HEAT) |
| Healthcare - Ajuste Econômico Rápido (REJ) |
| Saudi Aramco - FPD Modelo Econômico Padrão |
| Saudi Aramco - FPD Modelo Econômico Estendido |
| Saudi Aramco - CFPD Projetos Financeiros Corporativos Padrão |
| Saudi Aramco - JV Valoração Expandida Projetos Joint Venture |
| Cubic Corp - Gestão Corporativa de Carteira |
| Northrop Grumman - Módulo P&D-I |
| Northrop Grumman - Análise Curva-S |
| Análise Multicritério |

Figura 2.17: Central de Instruções sobre ERM

Em alguns casos, os **Registros de Risco** podem ser simplificados para que não exijam probabilidade, impacto, quantidades de exposição ao risco, custos de mitigação ou valores de exposição de risco residual. Em outras palavras, a organização requer apenas informações qualitativas e detalhes. Nessas situações, você pode pular partes da seção *Configurações* de risco e pular completamente a seção Registro de Risco. Em vez disso, você pode proceder diretamente às seções de **Eventos de Risco** e **Intervenção de Risco** (Risco de Proposta).

A Figura 2.18 mostra uma ilustração de elementos de um Registro de Risco simplificado no sistema PEAT/ERM usando a seção **Eventos de Risco | Entrada Evento Customizada**. Mapas de risco ainda podem ser usados, mas apenas contagens de eventos de risco, nomes de eventos e datas são usadas e capturadas. Selecione uma *Divisão*, o *G.O.P.A.D* ou a *Categoria de Risco* e selecione o *Gerente* e digite um *Nome de Evento*, Contagem de Eventos e *Data*. Você pode salvar toda a grade com o conjunto de dados e adicionar conjuntos de dados adicionais conforme necessário.

Se a *Entrada de Evento* mais rígida exigir mais personalização, então prossiga para a seção *Entrada de Eventos Personalizado*. Uma vez lá, clique no botão *Personalizar* para adicionar novos segmentos e crie suas próprias entradas personalizadas para a grade inferior (Figura 2.19). Como de costume, vários conjuntos de dados são salvos aqui.

Após a conclusão das seções de *Entrada de Eventos* ou *Entrada de Eventos Personalizados*, proceda à seção *Relatórios de Eventos* para visualizar os relatórios e tabelas. Na **Tabela de Risco**, comece selecionando o conjunto de dados para analisar e identifique os segmentos de risco a serem exibidos. Clique no botão *Atualizar (Tabela 2.20)*. Uma mesa de contagem será exibida lá. Os resultados também podem ser exibidos como um gráfico de barras na seção *Tabela de Risco* (Gráfico 2.21).

Riscos - Intervenção

Às vezes, só é necessário salvar e arquivar informações qualitativas de eventos de risco, sem a necessidade de criar divisões ou segmentações, ou seja, omitindo completamente as *Configurações de Risco* e o *Registro de Risco*. É aqui que a seção de *Intervenção de Risco* do PEAT/ERM é útil. Múltiplas intervenções de risco podem ser criadas em um único arquivo, onde cada uma das seguintes subseções tem múltiplos elementos de risco: *Riscos de pré-Intervenção, Riscos de Intervenção, Lições Aprendidas* e *Registro de Risco Personalizado,* como mostrado nas Figuras 2.22-2.25. Ao arquivar esses aspectos qualitativos de risco, uma Biblioteca de Risco pode ser gerada para que os riscos históricos possam ser analisados ao longo do tempo. Em cada uma dessas quatro seções, as seções superiores são idênticas. Por exemplo, cada seção pode ser *personalizada* em termos de cabeçalhos por coluna e categoria. Várias linhas de dados qualitativos podem ser inseridas ou coladas na grade de dados e salvas como um conjunto de dados. Você também pode gerar *Relatórios* para o conjunto de dados ativo. Finalmente, clicar duas vezes nos *nomes* das guias permite que você *renomeie,* adicione uma nova guia *Agregar uma Nova guia* ou *Duplique* a guia existente. Por exemplo, o nome padrão da guia *Pré-Intervenção* pode ser alterado para algo mais apropriado, se necessário. Aqui está uma rápida comparação e contraste das quatro seções:

- **Pré-intervenção.** Notas e comentários qualitativos podem ser inseridos em três níveis de *Critério de Risco (Figura 2.22).* Esta subseção permite identificar e catalogar até três níveis de elementos de risco.

- **Intervenção.** Notas e comentários qualitativos podem ser inseridos de forma semelhante, mas esta subseção também oferece a capacidade de inserir um valor numérico para *Probabilidade* (L) e *Impacto* (I), e *KRI's* são calculados automaticamente (Figura 2.23).

- **Lições Aprendidas.** Notas e comentários qualitativos podem ser inseridos em formato fluido, sem exigir níveis de critérios de risco ou entradas de probabilidade e impacto.

- **Registro de Risco Personalizado.** Esta subseção pode ser uma combinação do Registro de Risco tradicional e um conjunto de dados mais personalizado e fluido (Figura 2.25). O botão *Categoria Personalizada* pode ser usado para adicionar itens tradicionais, como o *Elemento de Risco* que atualizará automaticamente as colunas *Categoria* e *Divisão.*

Arquivo(F)　Editar(E)　Idioma(Language)　Decimais(D)　Ajuda(H)

Welcome to the ROV Project Economics Analysis Tool (PEAT). This ERM module will help you perform Enterprise Risk Management by creating and modeling Risk Registers. Results will be presented in the Risk Dashboards and can be segmented by Geography, Operations, Products, Activity, and Department. Additional details can be added as Risk Events, Risk Engagements, and Risk Diagrams. Statistical analysis on Risk Controls, Risk Forecasts, and Risk Mitigation are also available. Sensitivity Analysis and Monte Carlo Risk Simulations are also applied to various Diversifiable Risk, Undiversifiable Risk, and Risk Cost levels.

ERM　Análise Aplicada　Simulação de Risco　Central de Instruções

Definições Risco　Registro Risco　Painel Risco　Eventos Risco　Risco Proposta　Diagramas Risco　Controles Risco　Previsões Risco　Mitigações Risco

Entrada de Evento ERM　Entrada Evento Customizada　Relatórios de Evento

Iniciar pela criação de um novo ou edição de um conjunto de dados, e então, selecione a Divisão, o GOPAD ou Categoria de Risco e inclua a informação do evento.
Selecione uma Divisão:

Divisão
- ☑ Europa
- ☐ MEast
- ☐ EUA

OU

Selecione um GOPAD:

GOPAD
- ☐ P-Croydon
- ☐ P-Dublin
- ☐ P-Saudi
- ☐ D-Risk
- ☐ D-Finance
- ☐ D-Operations
- ☐ D-IT
- ☐ D-Legal

OU

Selecione uma Categoria de Risco:

Categoria
- ☐ Cliente
- ☐ Competição
- ☐ Conformidade
- ☐ Concentração
- ☐ Custo
- ☐ Crédito
- ☐ Cultural
- ☐ Economia

E

Gestor de Risco/Relatório

Gestor
- ☑ JJSmith
- ☐ JCannon
- ☐ RCarter
- ☐ SMinh
- ☐ RRodgers

A contagem do total de eventos é 168, o número de linhas de entrada é 28, incluindo o último evento informado em 12/15/2014

No.	Event Name	Count	Event Date	Selected Segment	Entered By	Notes (Optional)
1	Registros ausentes	2	1/27/2014	D-Finance	JJSmith	
2	Possível Fraude	3	2/20/2014	D-Finance	JCannon	
3	Lesão de Funcionário	4	1/25/2014	D-Operations	SMinh	
4	Lesão de Funcionário	6	3/15/2014	D-Operations	SMinh	
5	Possível Fraude	4	4/27/2014	D-Finance	JCannon	
6	Lesão de Funcionário	6	4/30/2014	D-Operations	SMinh	
7	Pagamentos atrasados	6	2/28/2014	D-Finance	JCannon	
8	Pagamentos atrasados	4	4/27/2014	D-Finance	JCannon	
9	Reclamações do cliente	15	1/31/2014	D-Operations	RCarter	
10	Reclamações do cliente	18	2/28/2014	D-Operations	RCarter	
11	Reclamações do clientes	22	3/28/2014	D-Operations	RCarter	
12	Lesão de Funcionário	6	6/30/2014	D-Operations	JCannon	
13	Lesão de Funcionário	4	8/31/2014	D-Operations	JCannon	
14	Reclamações do clientes	15	5/27/2014	D-Operations	SMinh	

Adicionar Evento　　Excluir Evento

Nós recomendamos salvar cada novo arquivo de dados criados a cada ano ou a cada local físico, de modo a se poder comparar os eventos de risco posteriormente.

Salvar como Novos Dados:
2014 Risk Events Log　　　　　Salvo Como

Lista de Dados salvos:

Dados
- 2014 Risk Events Log
- 2013 Risk Events Log

Novo　　Deletar
Editar　　Salvar

＜　＞

Figura 2.18: Arquivo de Entrada de Dados de Evento de Risco

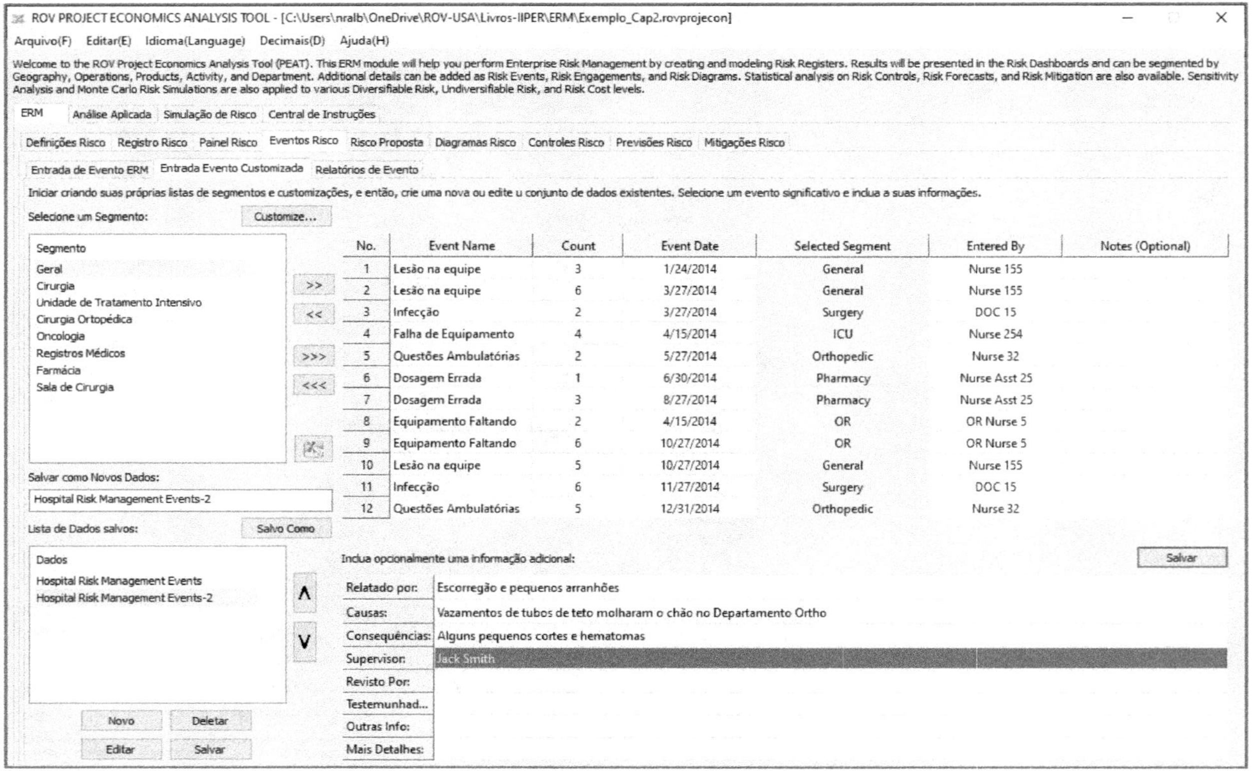

Figura 2.19: Entrada Personalizadas de Eventos de risco

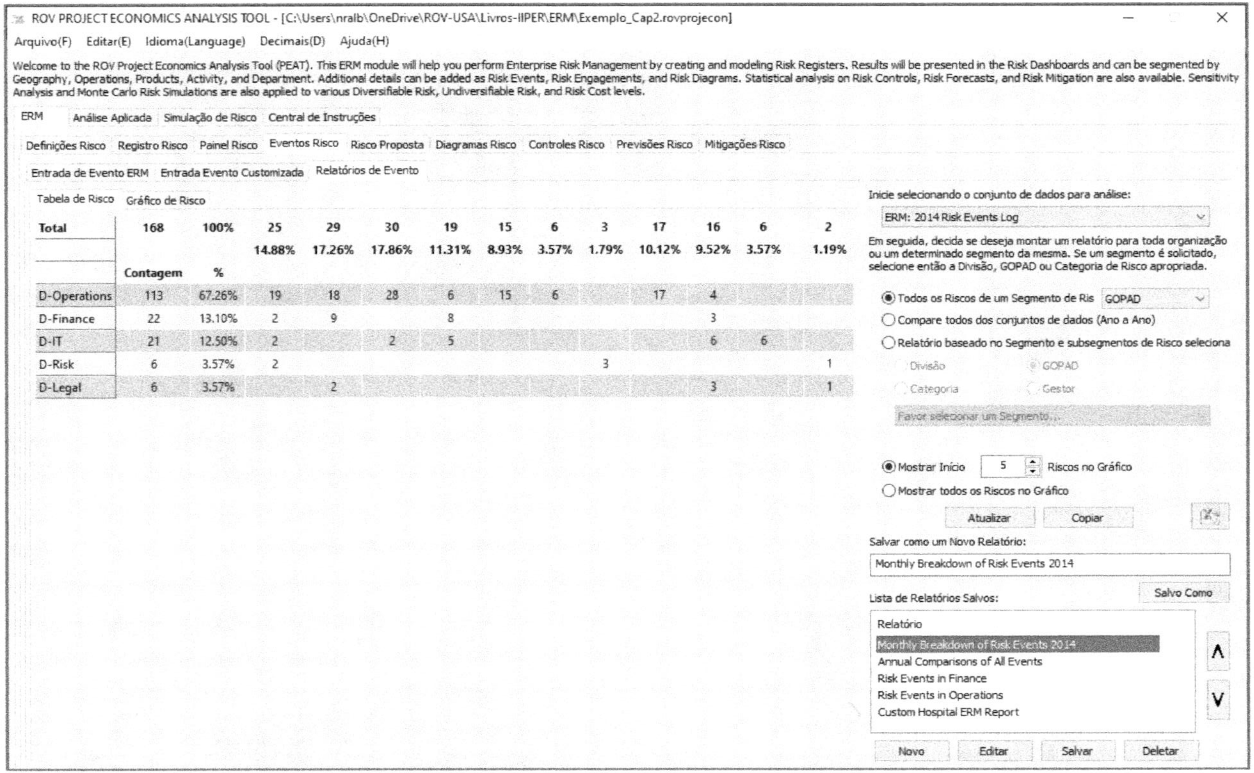
ROV PROJECT ECONOMICS ANALYSIS TOOL - [C:\Users\nralb\OneDrive\ROV-USA\Livros-IIPER\ERM\Exemplo_Cap2.rovprojecon]
Arquivo(F) Editar(E) Idioma(Language) Decimais(D) Ajuda(H)
Welcome to the ROV Project Economics Analysis Tool (PEAT). This ERM module will help you perform Enterprise Risk Management by creating and modeling Risk Registers. Results will be presented in the Risk Dashboards and can be segmented by Geography, Operations, Products, Activity, and Department. Additional details can be added as Risk Events, Risk Engagements, and Risk Diagrams. Statistical analysis on Risk Controls, Risk Forecasts, and Risk Mitigation are also available. Sensitivity Analysis and Monte Carlo Risk Simulations are also applied to various Diversifiable Risk, Undiversifiable Risk, and Risk Cost levels.
ERM Análise Aplicada Simulação de Risco Central de Instruções
Definições Risco Registro Risco Painel Risco Eventos Risco Risco Proposta Diagramas Risco Controles Risco Previsões Risco Mitigações Risco
Entrada de Evento ERM Entrada Evento Customizada Relatórios de Evento
Tabela de Risco Gráfico de Risco
Total 168 100% 25 29 30 19 15 6 3 17 16 6 2
14.88% 17.26% 17.86% 11.31% 8.93% 3.57% 1.79% 10.12% 9.52% 3.57% 1.19%
Contagem %
D-Operations 113 67.26% 19 18 28 6 15 6 17 4
D-Finance 22 13.10% 2 9 8 3
D-IT 21 12.50% 2 2 5 6 6
D-Risk 6 3.57% 2 3 1
D-Legal 6 3.57% 2 3 1
Inicie selecionando o conjunto de dados para análise:
ERM: 2014 Risk Events Log
Em seguida, decida se deseja montar um relatório para toda organização ou um determinado segmento da mesma. Se um segmento é solicitado, selecione então a Divisão, GOPAD ou Categoria de Risco apropriada.
Todos os Riscos de um Segmento de Ris GOPAD
Compare todos dos conjuntos de dados (Ano a Ano)
Relatório baseado no Segmento e subsegmentos de Risco seleciona
Divisão GOPAD
Categoria Gestor
Favor selecionar um Segmento...
Mostrar Início 5 Riscos no Gráfico
Mostrar todos os Riscos no Gráfico
Atualizar Copiar
Salvar como um Novo Relatório:
Monthly Breakdown of Risk Events 2014
Lista de Relatórios Salvos: Salvo Como
Relatório
Monthly Breakdown of Risk Events 2014
Annual Comparisons of All Events
Risk Events in Finance
Risk Events in Operations
Custom Hospital ERM Report
Novo Editar Salvar Deletar

Figura 2.20: Tabela com Dados sobre Eventos de Risco

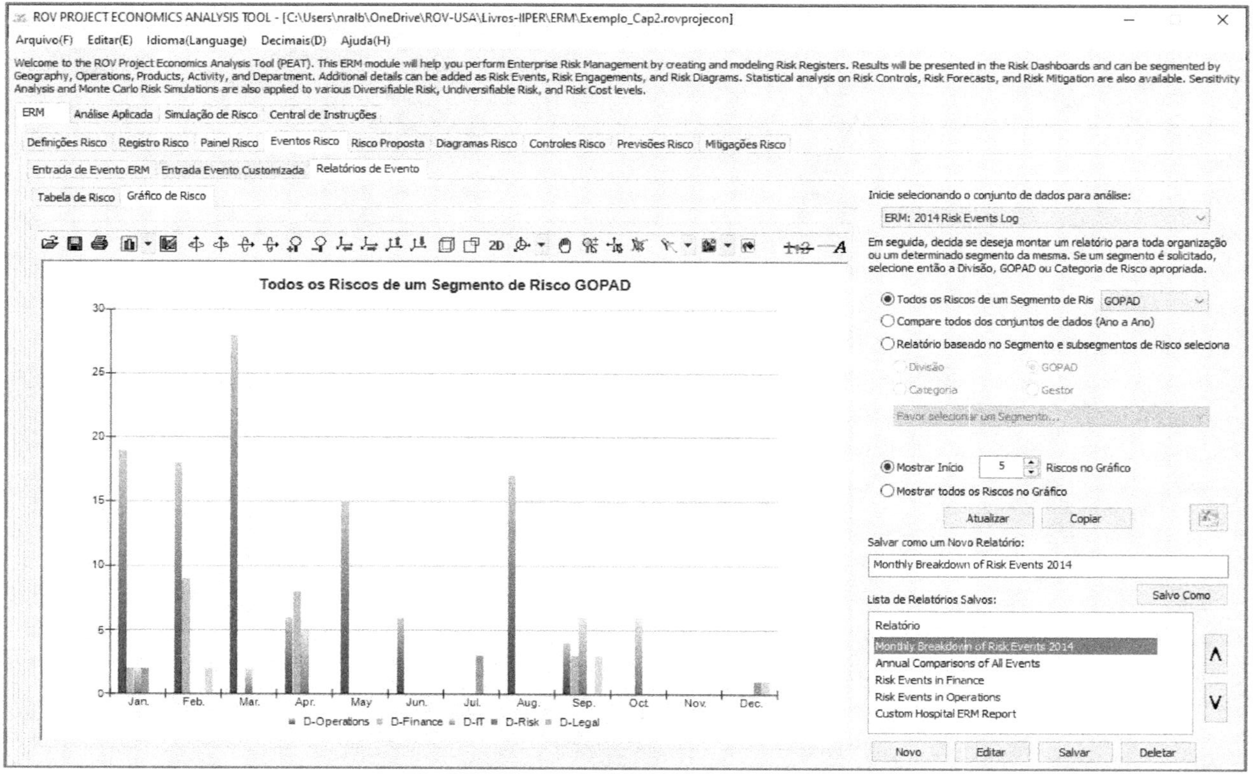

ROV PROJECT ECONOMICS ANALYSIS TOOL - [C:\Users\nralb\OneDrive\ROV-USA\Livros-IIPER\ERM\Exemplo_Cap2.rovprojecon]

Arquivo(F)   Editar(E)   Idioma(Language)   Decimais(D)   Ajuda(H)

Welcome to the ROV Project Economics Analysis Tool (PEAT). This ERM module will help you perform Enterprise Risk Management by creating and modeling Risk Registers. Results will be presented in the Risk Dashboards and can be segmented by Geography, Operations, Products, Activity, and Department. Additional details can be added as Risk Events, Risk Engagements, and Risk Diagrams. Statistical analysis on Risk Controls, Risk Forecasts, and Risk Mitigation are also available. Sensitivity Analysis and Monte Carlo Risk Simulations are also applied to various Diversifiable Risk, Undiversifiable Risk, and Risk Cost levels.

ERM   Análise Aplicada   Simulação de Risco   Central de Instruções

Definições Risco   Registro Risco   Painel Risco   Eventos Risco   Risco Proposta   Diagramas Risco   Controles Risco   Previsões Risco   Mitigações Risco

Entrada de Evento ERM   Entrada Evento Customizada   Relatórios de Evento

Tabela de Risco   Gráfico de Risco

Inicie selecionando o conjunto de dados para análise:

ERM: 2014 Risk Events Log

Em seguida, decida se deseja montar um relatório para toda organização ou um determinado segmento da mesma. Se um segmento é solicitado, selecione então a Divisão, GOPAD ou/ Categoria de Risco apropriada.

◉ Todos os Riscos de um Segmento de Ris   GOPAD
○ Compare todos dos conjuntos de dados (Ano a Ano)
○ Relatório baseado no Segmento e subsegmentos de Risco seleciona
   ○ Divisão   ○ GOPAD
   ○ Categoria   ○ Gestor

Favor selecionar um Segmento...

◉ Mostrar Início   5   Riscos no Gráfico
○ Mostrar todos os Riscos no Gráfico

Atualizar   Copiar

Salvar como um Novo Relatório:

Monthly Breakdown of Risk Events 2014

Lista de Relatórios Salvos: Salvo Como

Relatório
Monthly Breakdown of Risk Events 2014
Annual Comparisons of All Events
Risk Events in Finance
Risk Events in Operations
Custom Hospital ERM Report

Novo   Editar   Salvar   Deletar

< >

Todos os Riscos de um Segmento de Risco GOPAD

30 —
25 —
20 —
15 —
10 —
5 —
0 —

Jan.   Feb.   Mar.   Apr.   May   Jun.   Jul.   Aug.   Sep.   Oct   Nov.   Dec.

■ D-Operations ■ D-Finance ■ D-IT ■ D-Risk ■ D-Legal

Figura 2.21: Tabelas de Eventos de Risco

Welcome to the ROV Project Economics Analysis Tool (PEAT). This ERM module will help you perform Enterprise Risk Management by creating and modeling Risk Registers. Results will be presented in the Risk Dashboards and can be segmented by Geography, Operations, Products, Activity, and Department. Additional details can be added as Risk Events, Risk Engagements, and Risk Diagrams. Statistical analysis on Risk Controls, Risk Forecasts, and Risk Mitigation are also available. Sensitivity Analysis and Monte Carlo Risk Simulations are also applied to various Diversifiable Risk, Undiversifiable Risk, and Risk Cost levels.

ERM   Análise Aplicada   Simulação de Risco   Central de Instruções

Definições Risco   Registro Risco   Painel Risco   Eventos Risco   Risco Proposta   Diagramas Risco   Controles Risco   Previsões Risco   Mitigações Risco

Pre-Engagement or Pre-Bid   Engagement or Bid Assessment   Lessons Learned   Custom Risk Register

Nome Projeto: c: Desenvolvimento de Habitação Residencial   Nome: John Smith

Projeto ID #: RH-563162   Notas: Desenvolvimento de 1000 unidades residencias nos arredores de Croydon. Londres, proposta de licitação

Atualizado: 11/29/2020   Relatório   Mostrar: 3 ◄► Texto linhas   Biblioteca Risco

☑ auto ajuste   Mostrar: 30 ◄► linhas

Categorias Extras

Salvar Como   Proposta
Salvar   John Smith
Editar
Deletar

ITEM/PILLAR	CATEGORIES	EXPLANATIONS & DETA...	DATA SOURCE	RISCO			NOTES
				Básico	Significativo	Crítico	
Perfil do cliente	Experiência em lidar com o cliente (integridade, pagamento dentro do prazo, pedidos de mudança frequentes)	Já lidamos com o cliente no passado e eles são muito exigentes com os detalhes técnicos e estão sempre mudando de idéia	Experiência passada		Risco gerenciável se nossos contratos forem restritos a variações de escopo		
Parcerias	Potenciais parceiros e subcontratados disponíveis para reduzir o risco do projeto	Podemos mitigar quaisquer riscos técnicos com nosso grupo de parceiros		Temos um conjunto de parceiros existentes			
Perfil do Projeto	Informações insuficientes sobre o pedido de oferta, RFP tem detalhes limitados, esclarecimentos futuros necessários	A RFP tem alguns problemas técnicos ausentes, como quem implementará as mudanças arquitetônicas nas parcelas C-DE	RFP		Podemos afirmar no contrato que a responsabilidade do cliente		
Concorrentes	Principais concorrentes para o projeto	HHSC e RMBH são os dois principais concorrentes na licitação que prevemos	Banco de dados de competições	Podemos superá-los significativamente			
Rentabilidade Financeira	Potencial para perdas financeiras se os riscos de	Preços reduzidos farão com que os lucros	Modelo de Preços			O preço é um risco significativo	

Figura 2.22: Intervenção de Risco: Pré-Intervenção, Avaliação da Intervenção e Lições Aprendidas

ROV PROJECT ECONOMICS ANALYSIS TOOL - [C:\Users\nralb\OneDrive\ROV-USA\Livros-HiPER\ERM\Exemplo_Cap2.rovprojecon]

— □ ×

Arquivo(F)   Editar(E)   Idioma(Language)   Decimais(D)   Ajuda(H)

Welcome to the ROV Project Economics Analysis Tool (PEAT). This ERM module will help you perform Enterprise Risk Management by creating and modeling Risk Registers. Results will be presented in the Risk Dashboards and can be segmented by Geography, Operations, Products, Activity, and Department. Additional details can be added as Risk Events, Risk Engagements, and Risk Diagrams. Statistical analysis on Risk Controls, Risk Forecasts, and Risk Mitigation are also available. Sensitivity Analysis and Monte Carlo Risk Simulations are also applied to various Diversifiable Risk, Undiversifiable Risk, and Risk Cost levels.

ERM   Análise Aplicada   Simulação de Risco   Central de Instruções

Definições Risco   Registro Risco   Painel Risco   Eventos Risco   Risco Proposta   Diagramas Risco   Controles Risco   Previsões Risco   Mitigações Risco

Pre-Engagement or Pre-Bid   Engagement or Bid Assessment   Lessons Learned   Custom Risk Register

Nome Projeto: Project Mars: Residential Housing Development

Projeto ID #: RH-613356

Atualizado: 11/29/2020   ☑ Auto ajuste

Categorias Extras   Relatório   Mostrar: 2 linhas

Nome: Jacklyn Turner

Notas: Desenvolvimento de 2500 unidades residenciais nos arredores de Leicester. Licitação a concluir-se em

Mostrar: 3 texto   Λ V   Novo

Salvar Como   Proposta

Salvar   Jacklyn Turner

Editar

Deletar

ITEM / PILLAR	RISK ISSUES, EVENTS, CONCERNS	POTENTIAL IMPACT DETAILS	RELEVANT?	RISK CRITERIA			PROPOSED ACTIONS
				L	I	KRI	
Desenvolvimento de negócios	Aumento de fortes concorrentes na área	Impactos de preços agressivos e redução de nossa oportunidade de uma estratégia financeira viável	SIM	3	5	15	
Trabalho Técnico	Conhecimento técnico insuficiente	Necessidade de contratar três desenhistas técnicos adicionais para determinar as especificações finais (itens XI-XIV da RFP)	SIM	3	2	6	

Figura 2.23: Intervenção de Risco: Avaliação da Intervenção

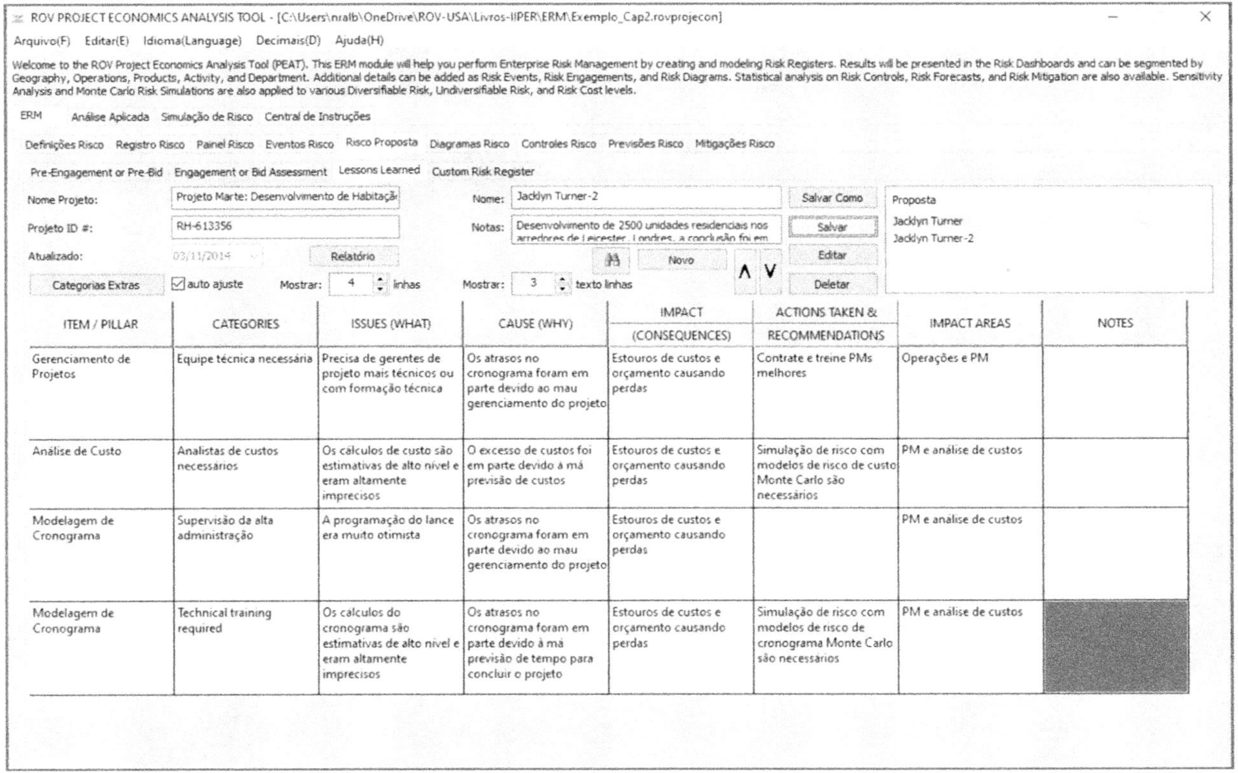

Figura 2.24: Intervenção de Risco: Lições Aprendidas

ROV PROJECT ECONOMICS ANALYSIS TOOL - [C:\Users\rinalb\OneDrive\ROV-USA\Livros-IIPER\ERM\Exemplo_Cap2.rovprojecon]

Arquivo(F)   Editar(E)   Idioma(Language)   Decimais(D)   Ajuda(H)

Welcome to the ROV Project Economics Analysis Tool (PEAT). This ERM module will help you perform Enterprise Risk Management by creating and modeling Risk Registers. Results will be presented in the Risk Dashboards and can be segmented by Geography, Operations, Products, Activity, and Department. Additional details can be added as Risk Events, Risk Engagements, and Risk Diagrams. Statistical analysis on Risk Controls, Risk Forecasts, and Risk Mitigation are also available. Sensitivity Analysis and Monte Carlo Risk Simulations are also applied to various Diversifiable Risk, Undiversifiable Risk, and Risk Cost levels.

ERM   Análise Aplicada   Simulação de Risco   Central de Instruções

Definições Risco   Registro Risco   Painel Risco   Eventos Risco   Diagramas Risco   Risco Proposta   Controles Risco   Previsões Risco   Mitigações Risco

Pre-Engagement or Pre-Bid   Engagement or Bid Assessment   Lessons Learned   Custom Risk Register

Nome Projeto: Projeto Marte: Desenvolvimento de Habitação   Nome: Jacklyn Turner-2   Salvar Como   Proposta

Projeto ID #: RH-613356   Notas: Desenvolvimento de 2500 unidades residenciais nos arredores de Leicester, Londres, a conclusão foi em   Salvar   Jacklyn Turner

Atualizado: 03/11/2019   Relatório   Editar   Jacklyn Turner-2

☑ auto ajuste   Mostrar: 4 ⟷ linhas   Mostrar: 3 ⟷ texto linhas   ⋀ Novo ⋁   Deletar

Categorias Extras

ITEM / PILLAR	CATEGORIES	ISSUES (WHAT)	CAUSE (WHY)	IMPACT (CONSEQUENCES)	ACTIONS TAKEN & RECOMMENDATIONS	IMPACT AREAS	NOTES
Gerenciamento de Projetos	Equipe técnica necessária	Precisa de gerentes de projeto mais técnicos ou com formação técnica	Os atrasos no cronograma foram em parte devido ao mau gerenciamento do projeto	Estouros de custos e orçamento causando perdas	Contrate e treine PMs melhores	Operações e PM	
Análise de Custo	Analistas de custos necessários	Os cálculos de custo são estimativas de alto nível e eram altamente imprecisos	O excesso de custos foi em parte devido à má previsão de custos	Estouros de custos e orçamento causando perdas	Simulação de risco com modelos de risco de custo Monte Carlo são necessários	PM e análise de custos	
Modelagem de Cronograma	Supervisão de alta administração	A programação do lance era muito otimista	Os atrasos no cronograma foram em parte devido ao mau gerenciamento do projeto	Estouros de custos e orçamento causando perdas		PM e análise de custos	
Modelagem de Cronograma	Technical training required	Os cálculos do cronograma são estimativas de alto nível e eram altamente imprecisos	Os atrasos no cronograma foram em parte devido à má previsão de tempo para concluir o projeto	Estouros de custos e orçamento causando perdas	Simulação de risco com modelos de risco de cronograma Monte Carlo são necessários	PM e análise de custos	

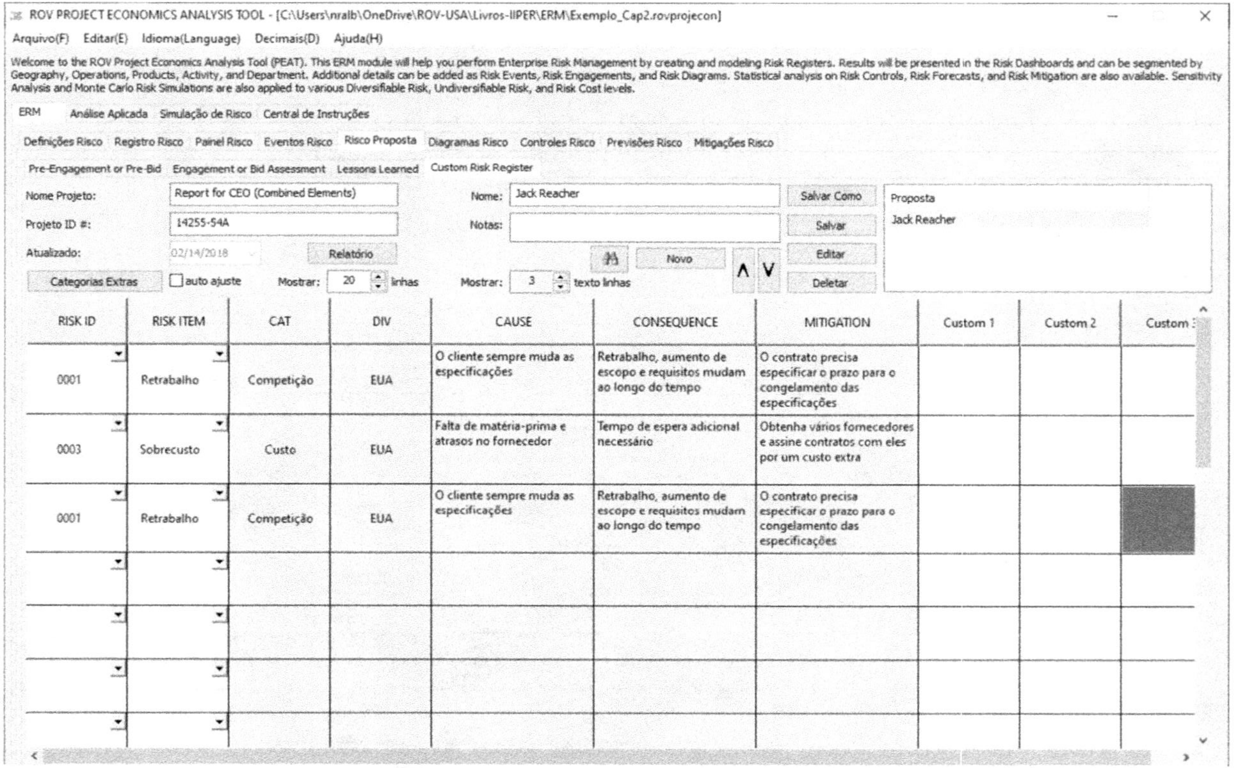

Figura 2.25: Intervenção de Risco: Registro de Risco Personalizado

Historicamente, o ERM tem sido uma técnica qualitativa de gestão de riscos. No entanto, neste capítulo, Métodos Integrados de Gestão de Riscos (IRM) foram aplicados e interpostos ao processo ERM tradicional. Por exemplo, medidas de probabilidade e impacto, níveis de risco totais, níveis de risco residuais e custos de mitigação são todos valores numéricos. Essas variáveis são aplicáveis a cada Elemento de Risco no Registro de Risco e os Riscos são Mapeados em vários Segmentos de Risco da organização. Ao fazer isso, agora podemos aplicar análise quantitativa de Gestão Integrada de Riscos a esses valores, como Análise de Tornado, Simulações de Risco Monte Carlo, Análise de Cenários, Mapas Térmicos e outras análises. Para mais detalhes, sugerimos que você veja o livro do *Dr. Johnathan Mun*, intitulado *Modeling Risk*, [Modelando Riscos], Third Edition (Thomson-Shore). O livro se aprofunda nessas análises quantitativas que vão além do escopo deste texto.

Analítica Aplicada: Análise Estática - Tornado

A seção **Análise Estática Tornado** ajuda a identificar fatores críticos de sucesso ou qual elemento de risco contribui mais para o resultado do perfil de risco (ou segmento de risco) da empresa, interrompendo estatisticamente cada um dos níveis de risco financeiro do elemento de risco (Figura 2.26).

Analítica Aplicada: Análise de Cenários

A seção **Análise de Cenários** ajuda a criar vários cenários de risco em seus valores de risco atuais ou totais de elementos de risco individuais, para determinar o impacto em seu perfil de risco corporativo e criar mapas térmicos de seus cenários. A Figura 2.27 mostra as configurações do cenário e a Figura 2.28 exibe os resultados dos cenários.

Simulações de Risco

O sistema PEAT/ERM também permite criar **simulações** de risco a partir do Registro de Risco das suposições de entrada do elemento de registro de risco do usuário por meio de faixas (p.ex., mínimo, mais provável, máximo, máximo, médio, desvio padrão, localização, escala, gama, percentis) e retorna distribuições probabilísticas de elementos de risco individuais ou riscos vinculados por categorias (métricas de resultado incluem contagem de elementos de risco, soma de KRI, soma e contagem de elementos de registro de risco dentro de uma categoria de risco, dólares totais em risco, custo total de mitigação de risco, etc.).

Essas distribuições de probabilidade são geradas automaticamente com base nas entradas de risco residual e total do usuário e podem ser modificadas e atualizadas conforme exigido pela seção *Configurar Pressupostos de Entrada* (Figura 2.29). Os *Resultados da Simulação* mostram as estatísticas e a distribuição do resultado da simulação (Figura 2.30). Análises adicionais como *Resultados Sobrepostos* (Figura 2.31), *Análise Alternativa* (Figura 2.32) e *Sensibilidades Dinâmicas ao Risco* (Figura 2.33) também estão disponíveis.

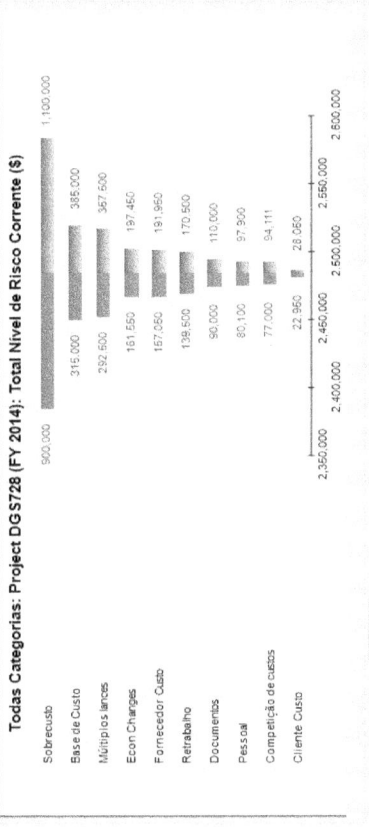

Figura 2.26: Análise Tornado dos Elementos do Registro de Risco ERM

Arquivo(F)   Editar(E)   Idioma(Language)   Decimais(D)   Ajuda(H)

Welcome to the ROV Project Economics Analysis Tool (PEAT). This ERM module will help you perform Enterprise Risk Management by creating and modeling Risk Registers. Results will be presented in the Risk Dashboards and can be segmented by Geography, Operations, Products, Activity, and Department. Additional details can be added as Risk Events, Risk Engagements, and Risk Diagrams. Statistical analysis on Risk Controls, Risk Forecasts, and Risk Mitigation are also available. Sensitivity Analysis and Monte Carlo Risk Simulations are also applied to various Diversifiable Risk, Undiversifiable Risk, and Risk Cost levels.

ERM   Análise Aplicada   Simulação de Risco   Central de Instruções

Tornado Estático   Análise de Cenários

1. Parâmetros de Entrada Cenário   2. Tabelas de Saída Cenário ("Sweetspots")

Análise de Cenário ajuda a identificar os Sweetspots e Hotspots nos resultados com base em diferentes entradas. Selecione a opção e variável de saída que você deseja analisar e de lista de variáveis de entrada, selecione até duas variáveis para mudar (marque a caixa e digite o De, Para, Tamanho Passo). Você pode adicionar código de cores para identificar potenciais Sweetspots e Hotspots, e salvar as configurações de cenário para execuções futuras.

Por favor, note que Análise de Cenários só executa os elementos de Registros de Risco atuais ou abertos. Para executar Análise de Cenários em outro salvo Registro Risco, por favor volte ao ERM (Registro de Riscos e abra ou edite outro Registro de Risco salvo.

OPCIONAL: Colorir os "Sweetspots" e "hotspots".

	se o valor é	menor que	∨	2,300,000.00	&
Colorir células ▼	se o valor é	entre	∨	2,300,000.00	&	2,800,000.00
Colorir células ▼	se o valor é	entre	∨	2,800,000.00	&	30,000,000.00
Colorir células ▼	se o valor é	maior que	∨	3,000,000.00	&
Colorir células ▼	se o valor é		∨		&

Selecione a Opção e a Variável de Saída:

Total Nível de Risco Corrente ($) ∨   Todas Categorias ∨   2,484,055.00

SALVAR: Nome:
Notas:

Item Simples	Valor Original	De	Para	Intervalo
Retrabalho	155,000.00			
Múltiplos lances	325,000.00			
Sobrecusto	1,000,000.00	800,000.00	1,600,000.00	50,000.00
Base de Custo	350,000.00			
Pessoal	89,000.00			
Competição de custos	85,555.00			
Fornecedor Custo	174,500.00			
Cliente Custo	25,500.00			
Documentos	100,000.00			
Econ Changes	179,500.00	100,000.00	290,000.00	10,000.00

Renomear

Editar
Salvar
Apagar

Nome
Total com Sobrecusto
Total Risk on Staffing

Total com Sobrecusto

< >

Figura 2.27: Configuração de Cenários de Risco

Arquivo(F) Editar(E) Idioma(Language) Decimais(D) Ajuda(H)

Welcome to the ROV Project Economics Analysis Tool (PEAT). This ERM module will help you perform Enterprise Risk Management by creating and modeling Risk Registers. Results will be presented in the Risk Dashboards and can be segmented by Geography, Operations, Products, Activity, and Department. Additional details can be added as Risk Events, Risk Engagements, and Risk Diagrams. Statistical analysis on Risk Controls, Risk Forecasts, and Risk Mitigation are also available. Sensitivity Analysis and Monte Carlo Risk Simulations are also applied to various Diversifiable Risk, Undiversifiable Risk, and Risk Cost levels.

ERM   Análise Aplicada   Simulação de Risco   Central de Instruções

Tornado Estático   Análise de Cenários

1. Parâmetros de Entrada Cenário   2. Tabelas de Saída Cenário ('Sweetspots')

Escolha um dos cenários salvos para executar o cenário. No caso de fazer quaisquer alterações nas entradas ou configurações, lembre-se de clicar em Atualizar para atualizar manualmente a tabela do cenário.

Selecione em Cenários Salvos para Calcular: Total com Sobrecusto

Mostrar Resultados com [0] decimais   A tabela de cenários é para: Sobrecusto   Atualizar

NOTA: A variável Linha (abaixo) é   Sobrecusto   e a variável Coluna (Corte) é   Todas Categorias

Econ Changes

	100,000	110,000	120,000	130,000	140,000	150,000	160,000	170,000	180,000	190,000	200,000	210,000	220,000	230,000	240,000	250,000	260,000	270,000	280,000	290,000
800,000	2,204,555	2,214,555	2,224,555	2,234,555	2,244,555	2,254,555	2,264,555	2,274,555	2,284,555	2,294,555	2,304,555	2,314,555	2,324,555	2,334,555	2,344,555	2,354,555	2,364,555	2,374,555	2,384,555	2,394,555
850,000	2,254,555	2,264,555	2,274,555	2,284,555	2,294,555	2,304,555	2,314,555	2,324,555	2,334,555	2,344,555	2,354,555	2,364,555	2,374,555	2,384,555	2,394,555	2,404,555	2,414,555	2,424,555	2,434,555	2,444,555
900,000	2,304,555	2,314,555	2,324,555	2,334,555	2,344,555	2,354,555	2,364,555	2,374,555	2,384,555	2,394,555	2,404,555	2,414,555	2,424,555	2,434,555	2,444,555	2,454,555	2,464,555	2,474,555	2,484,555	2,494,555
950,000	2,354,555	2,364,555	2,374,555	2,384,555	2,394,555	2,404,555	2,414,555	2,424,555	2,434,555	2,444,555	2,454,555	2,464,555	2,474,555	2,484,555	2,494,555	2,504,555	2,514,555	2,524,555	2,534,555	2,544,555
1,000,000	2,404,555	2,414,555	2,424,555	2,434,555	2,444,555	2,454,555	2,464,555	2,474,555	2,484,555	2,494,555	2,504,555	2,514,555	2,524,555	2,534,555	2,544,555	2,554,555	2,564,555	2,574,555	2,584,555	2,594,555
1,050,000	2,454,555	2,464,555	2,474,555	2,484,555	2,494,555	2,504,555	2,514,555	2,524,555	2,534,555	2,544,555	2,554,555	2,564,555	2,574,555	2,584,555	2,594,555	2,604,555	2,614,555	2,624,555	2,634,555	2,644,555
1,100,000	2,504,555	2,514,555	2,524,555	2,534,555	2,544,555	2,554,555	2,564,555	2,574,555	2,584,555	2,594,555	2,604,555	2,614,555	2,624,555	2,634,555	2,644,555	2,654,555	2,664,555	2,674,555	2,684,555	2,694,555
1,150,000	2,554,555	2,564,555	2,574,555	2,584,555	2,594,555	2,604,555	2,614,555	2,624,555	2,634,555	2,644,555	2,654,555	2,664,555	2,674,555	2,684,555	2,694,555	2,704,555	2,714,555	2,724,555	2,734,555	2,744,555
1,200,000	2,604,555	2,614,555	2,624,555	2,634,555	2,644,555	2,654,555	2,664,555	2,674,555	2,684,555	2,694,555	2,704,555	2,714,555	2,724,555	2,734,555	2,744,555	2,754,555	2,764,555	2,774,555	2,784,555	2,794,555
1,250,000	2,654,555	2,664,555	2,674,555	2,684,555	2,694,555	2,704,555	2,714,555	2,724,555	2,734,555	2,744,555	2,754,555	2,764,555	2,774,555	2,784,555	2,794,555	2,804,555	2,814,555	2,824,555	2,834,555	2,844,555
1,300,000	2,704,555	2,714,555	2,724,555	2,734,555	2,744,555	2,754,555	2,764,555	2,774,555	2,784,555	2,794,555	2,804,555	2,814,555	2,824,555	2,834,555	2,844,555	2,854,555	2,864,555	2,874,555	2,884,555	2,894,555
1,350,000	2,754,555	2,764,555	2,774,555	2,784,555	2,794,555	2,804,555	2,814,555	2,824,555	2,834,555	2,844,555	2,854,555	2,864,555	2,874,555	2,884,555	2,894,555	2,904,555	2,914,555	2,924,555	2,934,555	2,944,555
1,400,000	2,804,555	2,814,555	2,824,555	2,834,555	2,844,555	2,854,555	2,864,555	2,874,555	2,884,555	2,894,555	2,904,555	2,914,555	2,924,555	2,934,555	2,944,555	2,954,555	2,964,555	2,974,555	2,984,555	2,994,555
1,450,000	2,854,555	2,864,555	2,874,555	2,884,555	2,894,555	2,904,555	2,914,555	2,924,555	2,934,555	2,944,555	2,954,555	2,964,555	2,974,555	2,984,555	2,994,555	3,004,555	3,014,555	3,024,555	3,034,555	3,044,555
1,500,000	2,904,555	2,914,555	2,924,555	2,934,555	2,944,555	2,954,555	2,964,555	2,974,555	2,984,555	2,994,555	3,004,555	3,014,555	3,024,555	3,034,555	3,044,555	3,054,555	3,064,555	3,074,555	3,084,555	3,094,555
1,550,000	2,954,555	2,964,555	2,974,555	2,984,555	2,994,555	3,004,555	3,014,555	3,024,555	3,034,555	3,044,555	3,054,555	3,064,555	3,074,555	3,084,555	3,094,555	3,104,555	3,114,555	3,124,555	3,134,555	3,144,555
1,600,000	3,004,555	3,014,555	3,024,555	3,034,555	3,044,555	3,054,555	3,064,555	3,074,555	3,084,555	3,094,555	3,104,555	3,114,555	3,124,555	3,134,555	3,144,555	3,154,555	3,164,555	3,174,555	3,184,555	3,194,555

Figura 2.28: Cenários de Risco

Arquivo(F) Editar(E) Idioma(Language) Decimais(D) Ajuda(H)

Welcome to the ROV Project Economics Analysis Tool (PEAT). This ERM module will help you perform Enterprise Risk Management by creating and modeling Risk Registers. Results will be presented in the Risk Dashboards and can be segmented by Geography, Operations, Products, Activity, and Department. Additional details can be added as Risk Events, Risk Engagements, and Risk Diagrams. Statistical analysis on Risk Controls, Risk Forecasts, and Risk Mitigation are also available. Sensitivity Analysis and Monte Carlo Risk Simulations are also applied to various Diversifiable Risk, Undiversifiable Risk, and Risk Cost Levels.

ERM   Análise Aplicada   Simulação de Risco   Central de Instruções

Definir Premissas Entrada   Resultados da Simulação   Resultados Sobrepostos   Análise de Alternativas   Sensibilidade Dinâmica

Selecione a Opção para simular e defina as hipóteses de de distribuição das entradas relevantes. Em seguida, execute a simulação e analise os resultados.

Passo 1: Escolha uma Opção para parametrizar as Entradas.   Passo 2: Clique no ícone de Distribuição para a definir uma distribuição para a simular. Você pode ativar ou desativar este modelagem em uma caixa de marcação.

Nome
Project DGS728 (FY 2014)
CEO Presentation to Board (Dec 2014)
Project MHS5528 (FY 2014)

Passo 3: Executar
All Risk Registers with simulation assumptions will be simulated simultaneously.

Quantidade de Cenários   1,000
☐ Aplicar Valor Semente   123

Opções de Simulação
Correlações...
Executar Simulação

Passo 4: Salvar/Editar os Modelos de Simulação
Nome: Simulation of Project DGS728 (FY 2014)

Modelo
Simulation of Project DGS728 (FY 2014)

Novo
Salvar Como
Editar(E)
Salvar
Apagar

Variável	Ponto Único	Parâmetros	Informação dos parâmetros de simulação
Retrabalho: Nível Risco Corrente	155,000.00		Triangular [Mínimo: 125000.0000; Mais Provável 155000.0000; Máximo...
Retrabalho: Nível Risco residual	65,000.00		Triangular [Mínimo: 55000.0000; Mais Provável: 65000.0000; Máximo...

Informação dos parâmetros de simulação

Propriedades

Triangular   Normal   Uniforme

Arco Seno   Bernoulli   Beta

Beta 3   Beta 4   Binomal

Mínimo   125,000.0000
Mais Provável   155,000.0000
Máximo   175,000.0000

OK   Cancelar
Apagar Suposições

Distribuição triangular
A distribuição triangular descreve uma situação na qual você sabe os valores mínimo, máximo e os mais prováveis de acontecer. Por exemplo, você poderia descrever o número de carros vendidos por semana quando as vendas passadas mostrassem os números mínimo e máximo e o número normal de carros vendidos. Os números mínimo e máximo de itens são fixos e o número mais provável de itens situa-se entre esses valores, formando uma distribuição em forma de triângulo, que mostra que valores próximos ao mínimo e máximo são menos prováveis de acontecer do que aqueles próximos

Figura 2.29: Pressupostos da Simulação de Risco

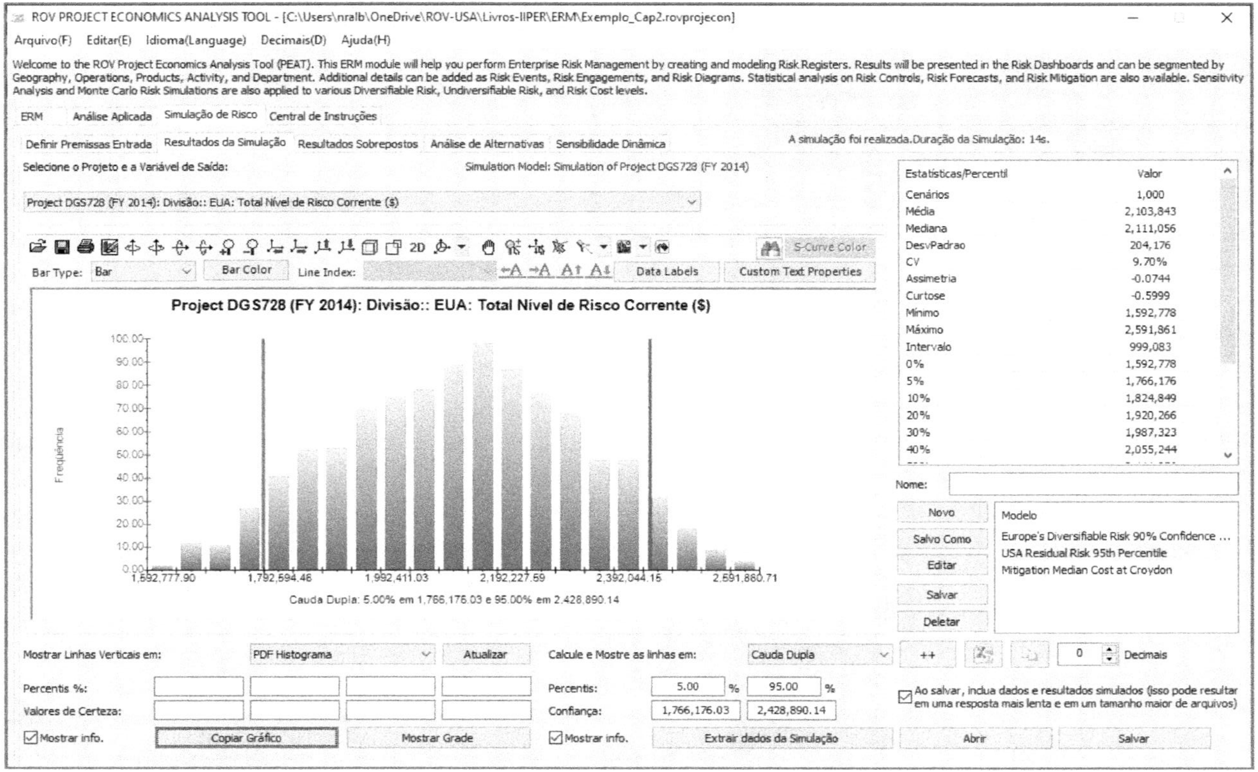

Figura 2.30: Resultados de Simulação de Risco

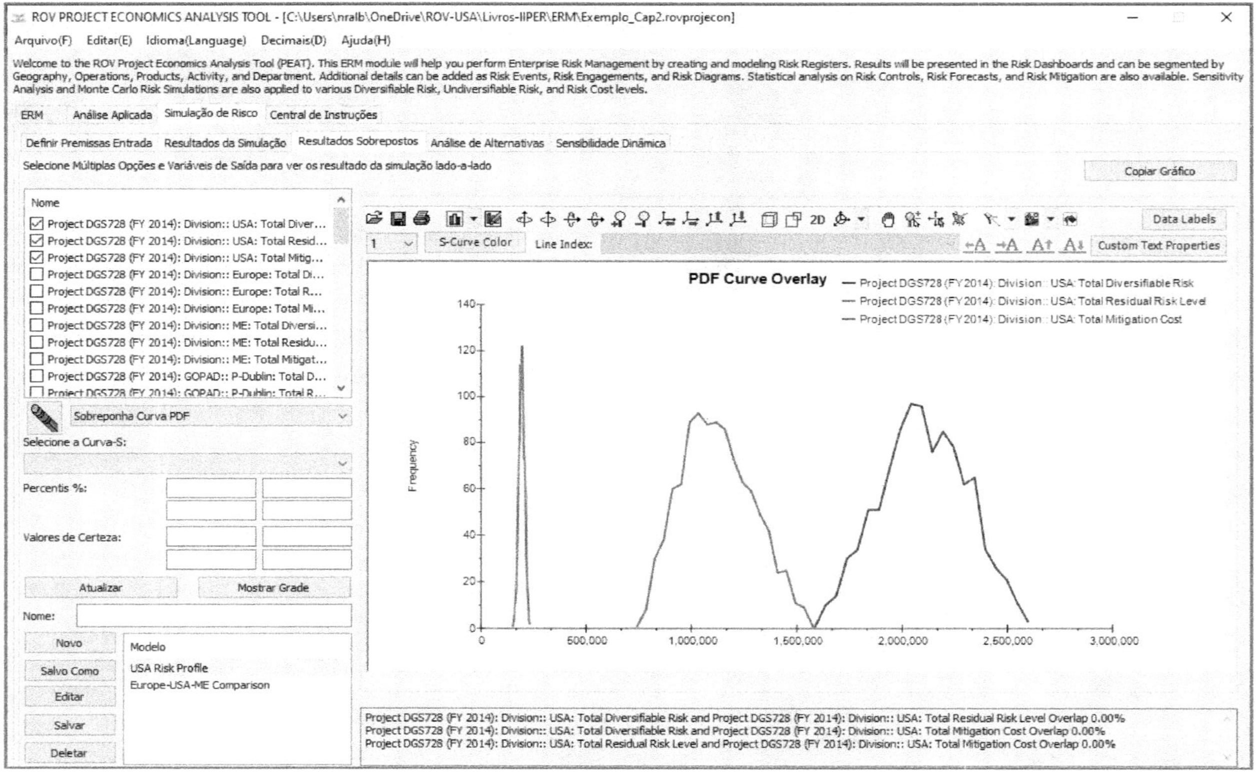

Figura 2.31: Comparação na Sobreposição de Simulação de Risco

Arquivo(F)   Editar(E)   Idioma(Language)   Decimais(D)   Ajuda(H)

Welcome to the ROV Project Economics Analysis Tool (PEAT). This ERM module will help you perform Enterprise Risk Management by creating and modeling Risk Registers. Results will be presented in the Risk Dashboards and can be segmented by Geography, Operations, Products, Activity, and Department. Additional details can be added as Risk Events, Risk Engagements, and Risk Diagrams. Statistical analysis on Risk Controls, Risk Forecasts, and Risk Mitigation are also available. Sensitivity Analysis and Monte Carlo Risk Simulations are also applied to various Diversifiable Risk, Undiversifiable Risk, and Risk Cost levels.

ERM ☐ Análise Aplicada   Simulação de Risco   Central de Instruções

Definir Premissas Entrada   Resultados da Simulação   Resultados Sobrepostos   Análise de Alternativas   Sensibilidade Dinâmica   A simulação foi realizada.Duração da Simulação: 14s.

Você pode comparar os resultados simulados de todas as suas Opções/Projetos. Primeiro a simulação deve ser executada, antes que possa obter algum resultado. Escolha se deseja comparar todas as Opções (análise de alternativas) ou contra uma referência (Análise Incremental).

ANÁLISES DE ALTERNATIVAS E ANÁLISES INCREMENTAIS SOBRE CASO REFERÊNCIA

◉ Análise de Alternativas(sem Caso Base)   ◯ Análise Incremental(escolhe um Caso Base)

Resultados   Divisão:: EUA ▾   Project DGS728 (FY 2014) ▾

OPÇÕES	Total Nível de Risco Corrente ($)	Total Nível Risco Residual ($)	Total Custo Mitigação ($)	Total Current
◉ Média	2,103,843.02	1,124,391.16	193,284.86	2,654,880.6
◯ Mediana	2,111,056.10	1,110,409.59	194,054.20	2,660,202.5
◯ Desv.Padrao	204,176.01	169,934.77	13,719.89	213,414.59
◯ Variância	4.16E-010	2.88E-010	1.88E-008	4.55E-010
◯ CV	9.70%	15.11%	7.10%	8.04%
◯ Assimetria	-0.0744	0.2449	-0.1753	-0.0855
◯ Curtose	-0.5999	-0.4960	-0.2170	-0.1903
◯ Minimo	1,592,777.90	721,609.21	153,441.00	2,013,879.8
◯ Máximo	2,591,860.71	1,551,446.58	230,348.25	3,207,159.6
◯ Intervalo	999,082.81	829,837.37	76,907.25	1,193,279.8
◯ 0% Percentil	1,592,777.90	721,609.21	153,441.00	2,013,879.8
◯ 5% Percentil	1,766,176.03	863,006.31	170,312.59	2,287,222.9
◯ 10% Percentil	1,824,849.14	904,080.44	175,090.63	2,370,622.7
◯ 20% Percentil	1,920,265.71	975,912.09	181,822.83	2,483,209.4
◯ 30% Percentil	1,987,323.43	1,027,147.23	186,322.38	2,546,660.9
◯ 40% Percentil	2,055,244.47	1,068,815.66	190,225.89	2,606,626.5
◯ 50% Percentil	2,111,056.10	1,110,409.59	194,054.20	2,660,202.5
◯ 60% Percentil	2,162,694.99	1,153,748.65	197,172.79	2,708,196.1
◯ 70% Percentil	2,218,862.99	1,209,163.53	201,001.63	2,760,456.9
◯ 80% Percentil	2,288,635.76	1,267,921.64	204,992.55	2,841,388.5
◯ 90% Percentil	2,378,370.48	1,367,614.08	211,157.27	2,932,949.6
◯ 95% Percentil	2,428,890.14	1,435,439.87	215,176.55	3,008,729.1
◯ 100% Percentil	2,591,860.71	1,551,446.58	230,348.25	3,207,159.6

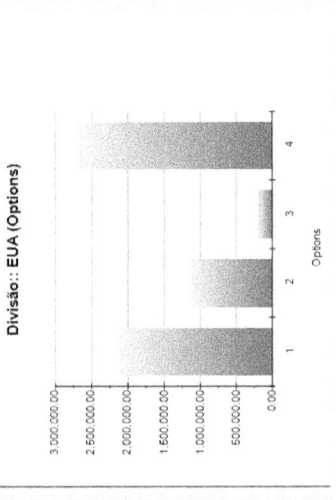

Total Nível de Risco Corrente ($) ▾

Simulation Model: Simulation Model of Project DGS728 (FY 2014)

2 ▴▾ Decimais

Divisão:: EUA (Options)

3,000,000.00

2,500,000.00

2,000,000.00

1,500,000.00

1,000,000.00

500,000.00

0.00

1   2   3   4

Options

2D Barra ▾   ☐ Esconder Valores zero   Copiar Gráfico

Figura 2.32: Análise Alternativa de Risco

ROV PROJECT ECONOMICS ANALYSIS TOOL - [C:\Users\rnalb\OneDrive\ROV-USA\Livros-IIPER\ERM\ERM\Exemplo_Cap2.rovprojecon]

Welcome to the ROV Project Economics Analysis Tool (PEAT). This ERM module will help you perform Enterprise Risk Management by creating and modeling Risk Registers. Results will be presented in the Risk Dashboards and can be segmented by Geography, Operations, Products, Activity, and Department. Additional details can be added as Risk Events, Risk Engagements, and Risk Diagrams. Statistical analysis on Risk Controls, Risk Forecasts, and Risk Mitigation are also available. Sensitivity Analysis and Monte Carlo Risk Simulations are also applied to various Diversifiable Risk, Undiversifiable Risk, and Risk Cost Levels.

ERM   Análise Aplicada   Simulação de Risco   Central de Instruções

Definir Premissas Entrada   Resultados da Simulação   Resultados Sobrepostos   Análise de Alternativas   Sensibilidade Dinâmica   A simulação foi realizada.Duração da Simulação: 14s.

Avaliação da Sensibilidade Dinâmica é executado após realização de uma Simulação de Monte Carlo Risco. Esta modela suas interações dinâmicas e avalia os impactos sobre as variáveis de saída selecionado. Para começar, certifique-se já executado uma simulação, em seguida, escolha a opção e variável de saída que você deseja testar e clique em Calcular para executar a análise.

Selecione Projeto e Variável de Saída:

Project DGS728 (FY 2019): Divisão:: EUA: Total Nível de Risco Corrente ($)   Simulation Model: Simulation of Project DGS728 (FY 2014)

Mostrar   15   Linhas   Copiar Gráficos

Nome: Europe's Diversifiable Risk Sensitity

	Modelo
Novo	Europe's Diversifiable Risk Sensitity
Salvo Como	USA Mitigation Cost Sensitivity
Editar	
Salvar	
Deletar	
++	

Project DGS728 (FY 2014): Divisão:: EUA: Total Nível de Risco Corrente ($)

Correlação Ordenamento Não Linear   Contribuição para a Variância

	Não Linear	Variância
Sobrecusto Nível Risco Corrente	0.99	34.20%
Retrabalho: Nível Risco Corrente	0.10	1.04%
Múltiplos lances Nível Risco Corrente	0.09	0.82%
Base de Custo: Nível Risco Corrente	0.09	0.77%
Retrabalho: Nível Risco residual	-0.07	0.63%
Cliente Custo: Nível Risco Corrente	0.07	0.42%
Múltiplos lances: Custo Mitigação	-0.07	0.41%
Pessoal: Nível Risco residual	-0.06	0.30%
Sobrecusto: Nível Risco residual	-0.06	0.24%
Documentos: Nível Risco residual	-0.06	0.24%
Econ Changes: Nível Risco Corrente	0.05	0.23%
Cliente Custo: Custo Mitigação	-0.05	0.21%
Competição de custos Custo Mitigação	0.04	0.18%
Documentos: Custo Mitigação	0.03	0.10%
Econ Changes: Nível Risco residual	0.03	0.09%

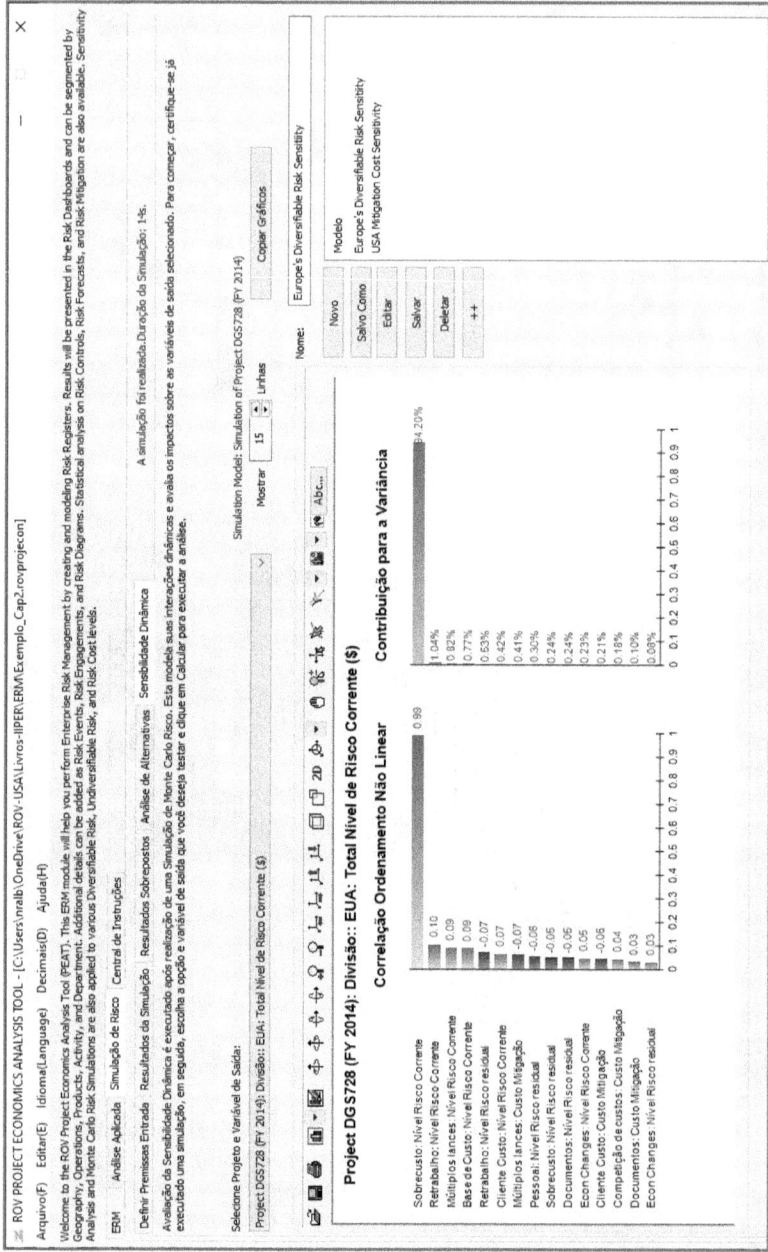

Figura 2.33: Sensibilidade ao Risco

CONFORMIDADE COM AS NORMAS GLOBAIS: BASILEIA, COSO, ISO, NIST E SARBOX

Uma organização que implemente métodos ERM deve pelo menos levar em conta sua conformidade com as normas globais, mas não exatamente para replicar o COSO (Comitê de Organizações Patrocinadoras do Comitê de Normas, em relação aos seus comitês organizadores na AAA, AICPA, FEI, IMA eIIA), se pelo menos, as Normas Internacionais ISO 31000:2009, a Lei Sarbanes-Oxley dos EUA, os requisitos da Basileia III/IV para riscos operacionais (do Comitê de Basileia ao Banco para Pagamentos Internacionais) e NIST 800-37. Os paralelos e aplicações das metodologias ROV se replicam de perto e, em alguns casos, excedem essas normas regulatórias e internacionais.

As Figuras 3.1 – 3.10 ilustram alguns exemplos de conformidade com a ISO 31000:2009. As Figuras 3.11-3.20 ilustram a conformidade com os requisitos da Basileia III e da Basileia IV e as Figuras 3.21 – 3.29 mostram conformidade com os requisitos do COSO. Esses gráficos e listas de resumo que se seguem assumem que o leitor já está familiarizado com a metodologia IRM[1] utilizada ao longo deste livro.

---

[1] Gestão Integrada de Risco (IRM)®

- A metodologia IRM que usamos coincide com as Cláusulas ISO 31000:2009 2.3 e 2.8, ao exigir um processo de gerenciamento de riscos (Figura 3.1), bem como cláusulas 5 (5.4.2 que requerem identificação de risco crítico, onde usamos análises tornado e análise de cenário; a cláusula 5.4.3 requer análise quantitativa de risco onde aplicamos simulações de risco Monte Carlo; a cláusula 5.4.4 onde os modelos de avaliação Excel existentes são usados e sobrepõem-se com a metodologias IRM, como simulações etc.).

- Na Cláusula 5.4.4 da ISO 31000:2009 é fixada níveis de tolerância ao risco e compara-se vários níveis de risco na otimização do portfólio e análise de fronteira eficiente, utilizada em nossa metodologia de IRM. (Gráfico 3.2).

- A Figura 3.3 mostra as consequências e probabilidades quantificadas (probabilidades e níveis de confiança) de eventos potenciais que podem ocorrer utilizando simulações, conforme exigido pelas Cláusulas 2.1 e 5.4.3 da ISO 31000:2009 (Veja exemplos de medidas de Probabilidade e Impacto no Capítulo 2).

- A Cláusula 5.4.3 da ISO 31000:2009 requer a visualização da análise de diferentes perspectivas das *partes interessadas,* múltiplas consequências e múltiplos objetivos, para desenvolver um nível combinado de risco. Essas perspectivas são alcançadas por meio da otimização multicritério e da análise das fronteiras eficientes (Figura 3.4) no método IRM.

- A Cláusula 3F da ISO 31000:2009 exige o uso de dados e experiência histórica, bem como comentários e observações das *partes interessadas (Stakeholders)*, juntamente com o julgamento de *especialistas* para prever eventos de risco futuros. O processo IRM utiliza uma família de 16 métodos de previsão (a Figura 3.5 mostra um exemplo do modelo ARIMA) juntamente com simulações de risco de alta fidelidade, para determinar a melhor qualidade do ajuste quando existem dados históricos. Se forem usadas estimativas de *especialistas* e suposições de *partes interessadas*, podemos aplicar o método *Delphi* e a criação de distribuição personalizada para executar simulações de risco nas previsões.

- As Cláusulas 3C, 5.4.3, 5.5 e 5.5.2 da ISO 31000:2009 exigem avaliações de risco em tratamentos de risco, opções para executar quando diferentes tipos de riscos estão envolvidos, e a seleção e implementação de várias opções estratégicas no tratamento de risco que não dependem apenas da economia. A metodologia de opções reais estratégicas do IRM permite que os usuários modelem múltiplas estratégias de implementação independentes, dependentes de rotas ou planos de ação alternativos que são gerados para mitigar riscos de impacto negativos e aproveitar potenciais de impacto positivos (Figura 3.6).

- A Figura 3.7 ilustra como as cláusulas 3D, 3E e 5.4.3 da ISO 31000:2009 são atendidas usando o processo IRM de ajuste das probabilidades de variáveis incertas e como suas interdependências (correlações) são executadas.

- Os controles de risco são necessários nas Cláusulas 2.26, 4.43 e 5.4.3 da ISO 31000:2009 (Figura 3.8). As tabelas de controle e os cálculos de eficácia de risco no PEAT/ERM ajudam os tomadores de decisão a identificar se uma estratégia e resposta de mitigação de risco particular, que foi implementada, afetaram suficiente e estatisticamente os resultados de futuros estados de risco.

- Os efeitos dos cenários, graduais e cumulativos (consequências), também são o foco da Cláusula 5.4.2 da ISO 31000:2009. O método IRM utiliza análise de tornados, análise de cenários, análise dinâmica de sensibilidade e simulações de risco (Figura 3.9) para identificar quais insumos têm maior impacto sobre os riscos da organização e modelar seus impactos sobre os riscos totais da organização.

- A Cláusula 5.2 da ISO 31000:2009 exige comunicação adequada das exposições e consequências dos riscos, e uma compreensão da base e das razões de cada risco. Os *Dashboards* de Risco apresentados no PEAT/ERM fornecem os detalhes e *insights* para entender melhor as questões que regem cada um dos riscos em uma organização (Figura 3.10).

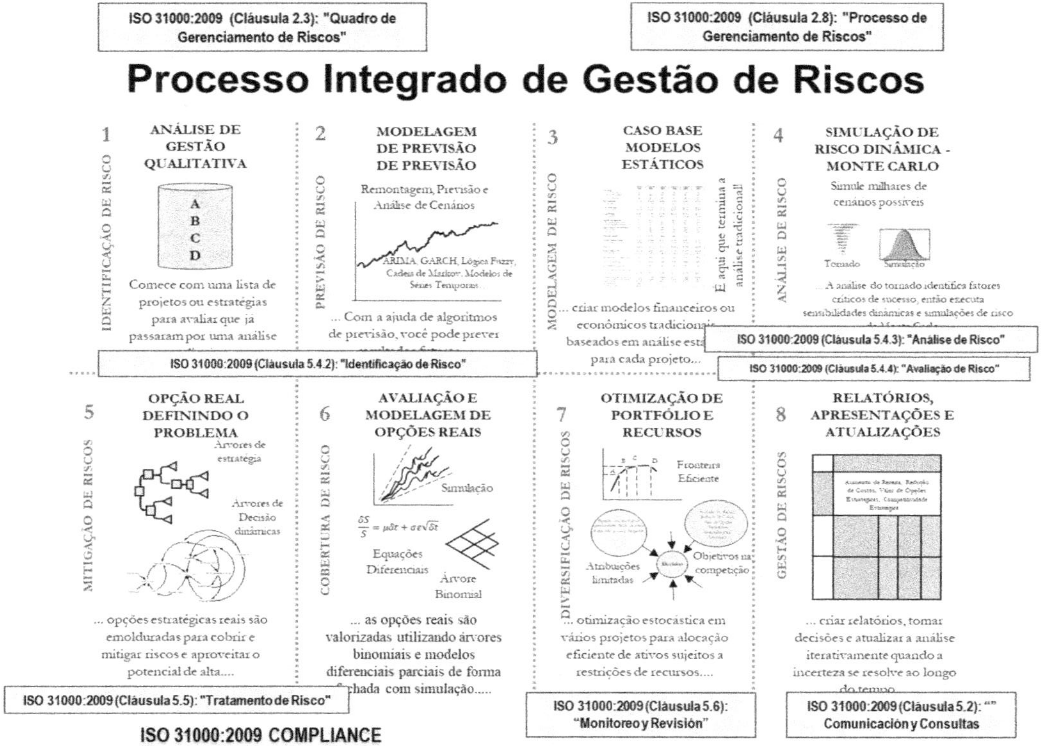

Processo Integrado de Gestão de Riscos

ISO 31000:2009 (Cláusula 2.3): "Quadro de Gerenciamento de Riscos"

ISO 31000:2009 (Cláusula 2.8): "Processo de Gerenciamento de Riscos"

1 ANÁLISE DE GESTÃO QUALITATIVA

Conhece com uma lista de projetos ou estratégias para avaliar que já passaram por uma análise...

IDENTIFICAÇÃO DE RISCO

2 MODELAGEM DE PREVISÃO DE PREVISÃO

Remontagem, Previsão e Análise de Cenários

ARIMA, GARCH, Lógica Fuzzy, Cadeia de Markov, Modelos de Series Temporais

... Com a ajuda de algoritmos de previsão, você pode prever...

PREVISÃO DE RISCO

ISO 31000:2009 (Cláusula 5.4.2): "Identificação de Risco"

3 CASO BASE MODELOS ESTÁTICOS

E aqui que termina a análise tradicional...

... criar modelos financeiros ou econômicos tradicionais baseados em análise estática para cada projeto...

MODELAGEM DE RISCO

4 SIMULAÇÃO DE RISCO DINÂMICA - MONTE CARLO

Simule milhares de cenários possíveis

A análise do mercado identifica fatores críticos de sucesso, então executa sensibilidades dinâmicas e simulações de risco...

Tornado | Simulação

ANÁLISE DE RISCO

ISO 31000:2009 (Cláusula 5.4.3): "Análise de Risco"

5 OPÇÃO REAL DEFININDO O PROBLEMA

Árvores de estratégia

Árvore de Decisão dinâmicas

... opções estratégicas reais são emolduradas para cobrir o migrar riscos e aproveitar o potencial de alta...

MITIGAÇÃO DE RISCOS

ISO 31000:2009 (Cláusula 5.5): "Tratamento de Risco"

6 AVALIAÇÃO E MODELAGEM DE OPÇÕES REAIS

Simulação

Equações Diferenciais | Árvore Binomial

$$\frac{\delta S}{S} = \mu \delta t + \sigma \varepsilon \sqrt{\delta t}$$

... as opções reais são valorizadas utilizando árvores binomiais e modelos diferenciais parciais de forma "...hada com simulação...

COBERTURA DE RISCO

7 OTIMIZAÇÃO DE PORTFÓLIO E RECURSOS

Fronteira Eficiente

Objetivos em competição

Atribuições limitadas

... otimização estocástica em vários projetos para alocação eficiente de ativos sujeitos a restrições de recursos...

DIVERSIFICAÇÃO DE RISCOS

ISO 31000:2009 (Cláusula 5.6): "Monitoreo y Revisión"

8 RELATÓRIOS, APRESENTAÇÕES E ATUALIZAÇÕES

... criar relatórios, tomar decisões e analisar a análise iterativamente quando a incerteza se resolve ao longo do tempo...

GESTÃO DE RISCOS

ISO 31000:2009 (Cláusula 5.2): "..." Comunicación y Consultas

ISO 31000:2009 COMPLIANCE

Figura 3.1: ISO 31000:2009 - IRM

A análise eficiente das fronteiras de investimento fornece uma variedade de cenários orçamentários ao considerar carteiras de opções

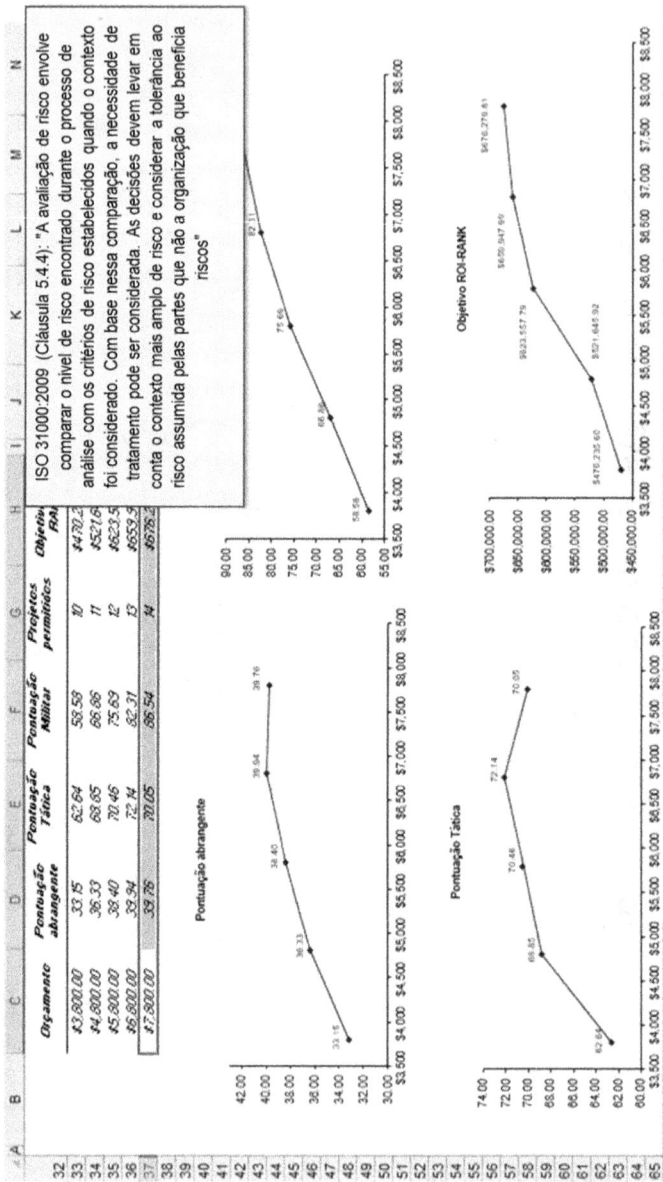

Orçamento	Pontuação abrangente	Pontuação Tática	Pontuação Militar	Projetos permitidos	Objetivo ROI-RANK
$3,800.00	33.15	62.64	59.58	10	$470.2
$4,800.00	36.33	68.85	66.66	11	$521.6
$5,800.00	38.40	70.46	75.69	12	$623.5
$6,800.00	39.94	72.74	82.31	13	$653.9
$7,800.00	39.76	70.05	86.54	14	$678.2

ISO 31000:2009 (Cláusula 5.4.4): "A avaliação de risco envolve comparar o nível de risco encontrado durante o processo de análise com os critérios de risco estabelecidos quando o contexto foi considerado. Com base nessa comparação, a necessidade de tratamento pode ser considerada. As decisões devem levar em conta o contexto mais amplo de risco e considerar a tolerância ao risco assumida pelas partes que não a organização que beneficia riscos"

Pontuação abrangente

Pontuação Tática

Objetivo ROI-RANK

Figura 3.2: ISO 31000:2009 — Tolerância ao Risco

A simulação de risco fornece dados adicionais ao tomador de decisão

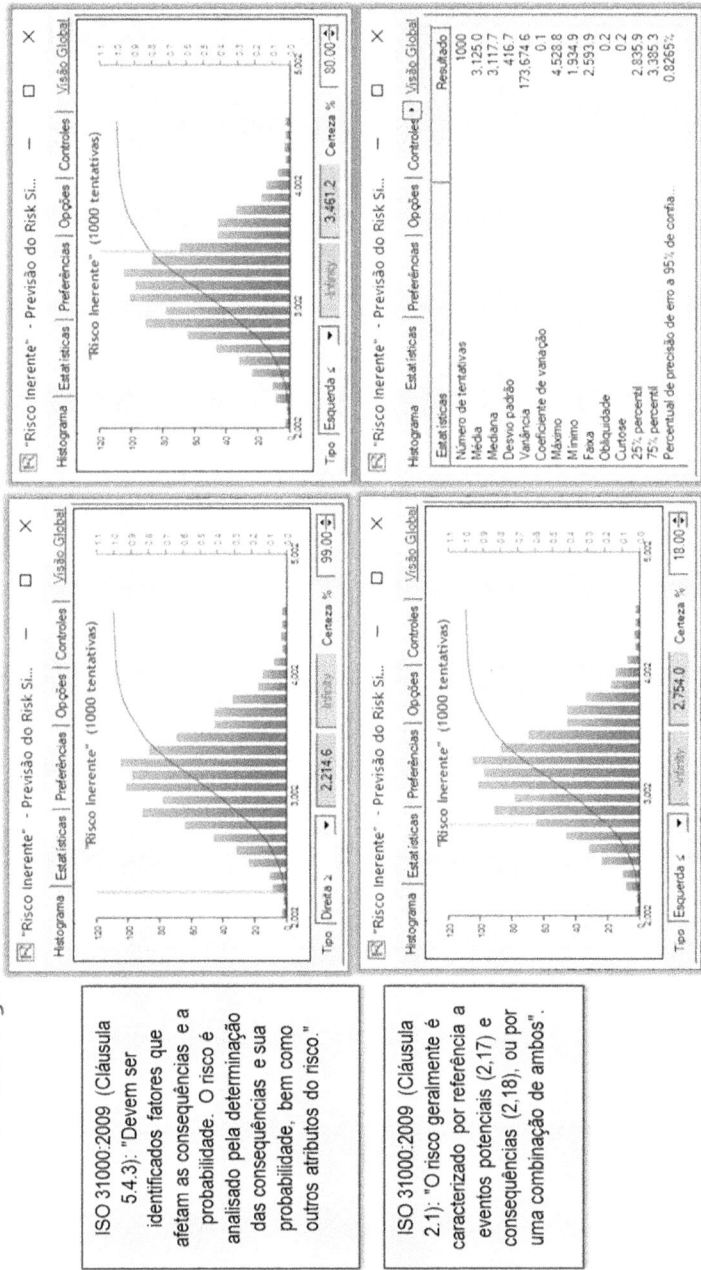

ISO 31000:2009 (Cláusula 5.4.3): "Devem ser identificados fatores que afetam as consequências e a probabilidade. O risco é analisado pela determinação das consequências e sua probabilidade, bem como outros atributos do risco."

ISO 31000:2009 (Cláusula 2.1): "O risco geralmente é caracterizado por referência a eventos potenciais (2.17) e consequências (2.18), ou por uma combinação de ambos".

Figura 3.3: ISO 31000:2009 — Consequências e Probabilidades

Fronteira Eficiente Portifólio Otimizado

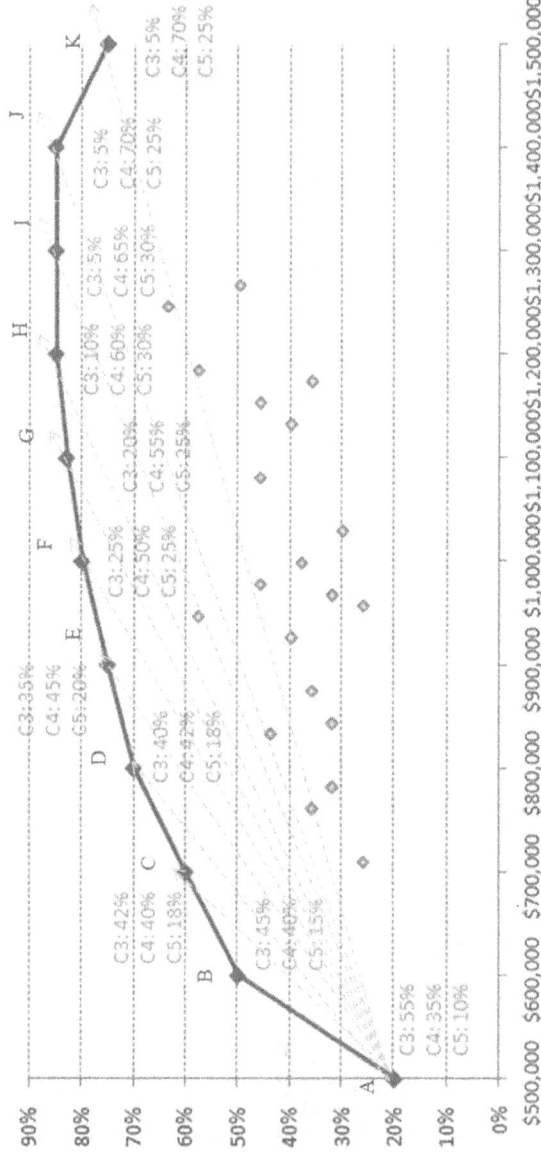

ISO 31000:2009 (Cláusula 5.4.3): "Um evento pode ter múltiplas consequências e pode afetar múltiplos objetivos. Como as consequências e probabilidades são expressas e como elas são combinadas determinam um nível de risco..."

C3: 35%
C4: 45%
C5: 20%

C3: 10%
C4: 60%
C5: 30%

C3: 5%
C4: 65%
C5: 30%

C3: 5%
C4: 70%
C5: 25%

C3: 5%
C4: 70%
C5: 25%

C3: 25%
C4: 50%
C5: 25%

C3: 20%
C4: 55%
C5: 25%

C3: 42%
C4: 40%
C5: 18%

C3: 40%
C4: 42%
C5: 18%

C3: 45%
C4: 40%
C5: 15%

C3: 55%
C4: 35%
C5: 10%

$500,000 $600,000 $700,000 $800,000 $900,000 $1,000,000 $1,100,000 $1,200,000 $1,300,000 $1,400,000 $1,500,000

Figura 3.4: ISO 31000:2009 — Metas e Consequências de *Múltiplas Partes Interessadas*

VENDAS REAIS VS. PROGNÓSTICO ECONOMÉTRICO
Relação com os indicadores gerais da economia

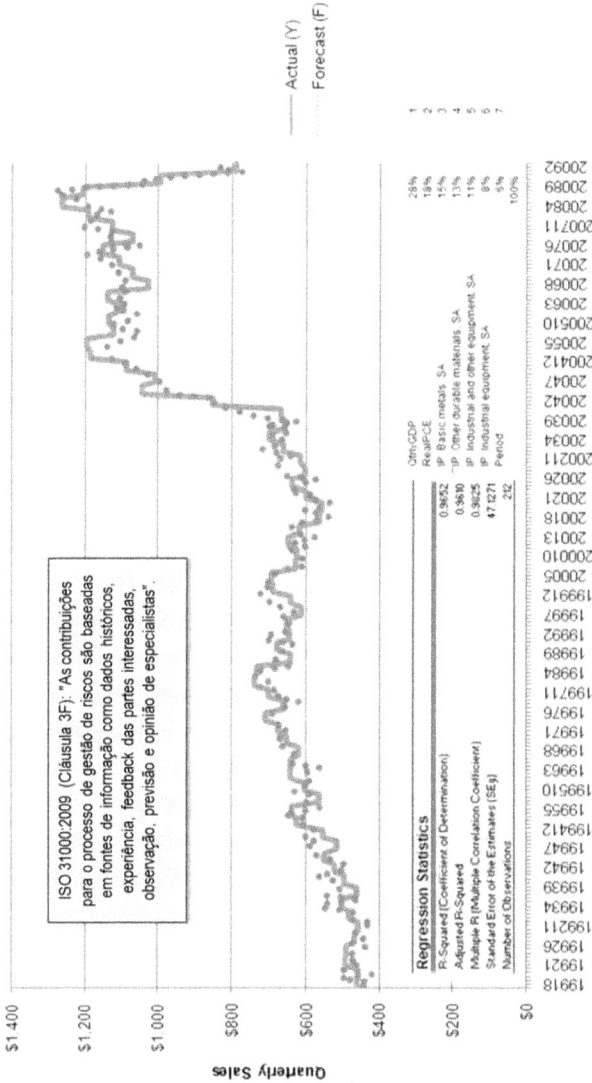

Figura 3.5: ISO 31000:2009 — Dados Históricos, Prognósticos e Previsões

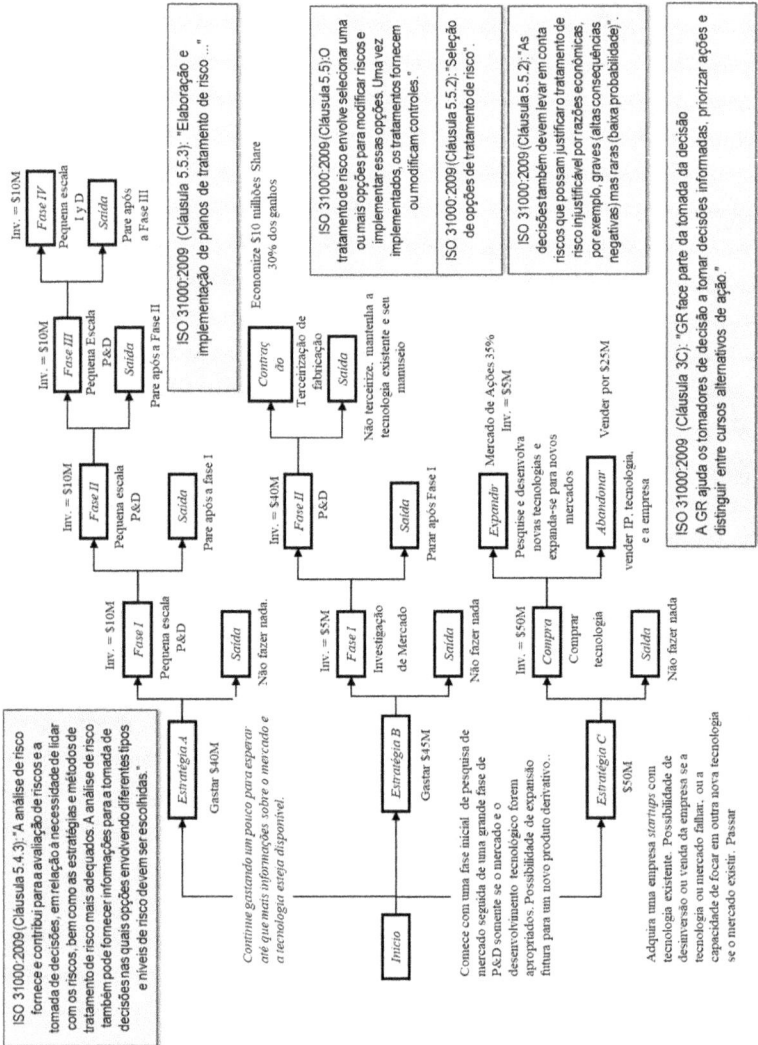

ISO 31000:2009 (Cláusula 5.4.3): "A análise de risco fornece e contribui para a avaliação de riscos e a tomada de decisões, em relação à necessidade de lidar com os riscos, bem como as estratégias e métodos de tratamento de risco mais adequados. A análise de risco também pode fornecer informações para a tomada de decisões nas quais opções envolvendo diferentes tipos e níveis de risco devem ser escolhidas."

ISO 31000:2009 (Cláusula 5.5.3): "Elaboração e implementação de planos de tratamento de risco ..."

ISO 31000:2009 (Cláusula 5.5): O tratamento de risco envolve selecionar uma ou mais opções para modificar riscos e implementar essas opções. Uma vez implementados, os tratamentos fornecem ou modificam controles."

ISO 31000:2009 (Cláusula 5.5.2): "Seleção de opções de tratamento de risco".

ISO 31000:2009 (Cláusula 5.5.2): "As decisões também devem levar em conta riscos que possam justificar o tratamento de risco injustificável por razões econômicas, por exemplo, graves (altas consequências negativas) mas raras (baixa probabilidade)."

ISO 31000:2009 (Cláusula 3C): "GR face parte da tomada da decisão A GR ajuda os tomadores de decisão a tomar decisões informadas, priorizar ações e distinguir entre cursos alternativos de ação."

Figura 3.6: ISO 31000:2009 — Múltiplas Opções, Estratégias e Alternativas

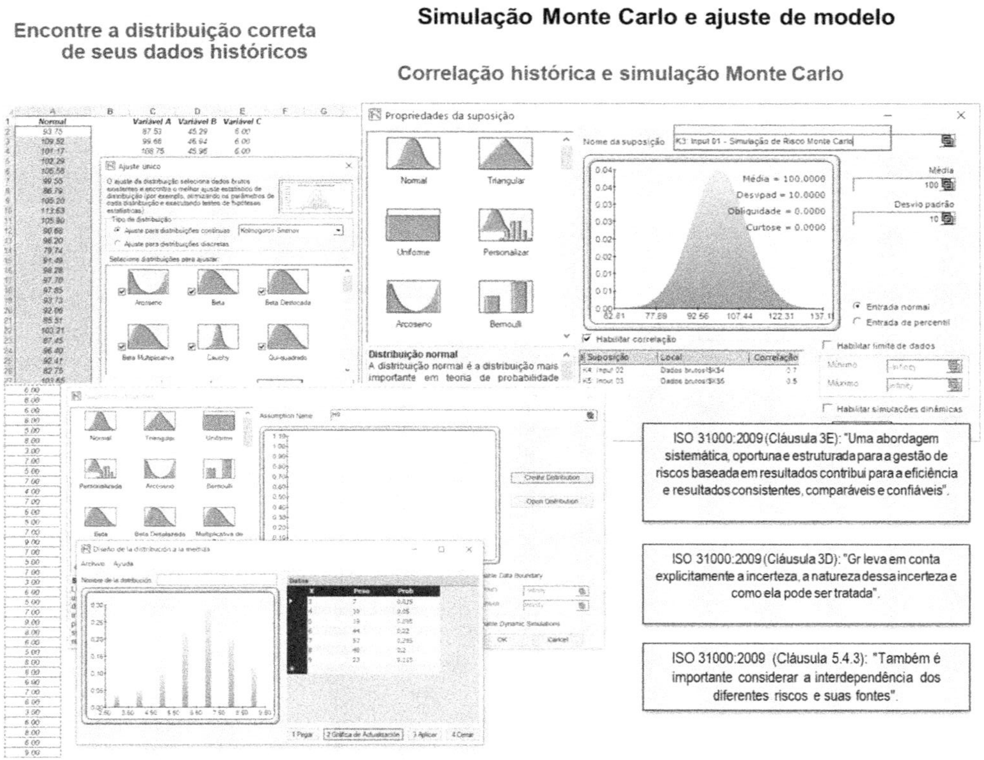

Simulação Monte Carlo e ajuste de modelo

Encontre a distribuição correta de seus dados históricos

Correlação histórica e simulação Monte Carlo

Figura 3.7: ISO 31000:2009 Abordagem Estruturada, Ajuste Probabilístico e Correlações

Controles Operacionais de Risco

Gráfico-P

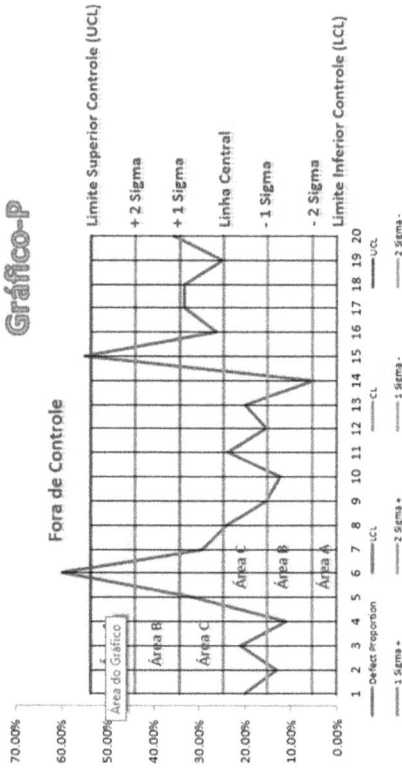

ISO 31000:2009 (Cláusula 2.26): "Controle... medidas de mudança de risco."

ISO 31000:2009 (Cláusula 4.4.3): "Implementar e manter o processo GR e garantir a adequação, eficácia e eficiência de qualquer controle".

ISO 31000:2009 (Cláusula 5.4.3): "Os controles existentes, bem como sua eficácia e eficiência, também devem ser levados em conta. Como as consequências e a probabilidade são expressas e como elas são combinadas determinam um nível de risco que deve refletir o tipo de risco, as informações disponíveis e a finalidade para a qual o resultado da avaliação de risco será utilizado. Todos eles devem ser consistentes com os critérios de risco."

Figura 3.8: ISO 31000:2009 — Eficiência e Eficácia no Controle de Riscos

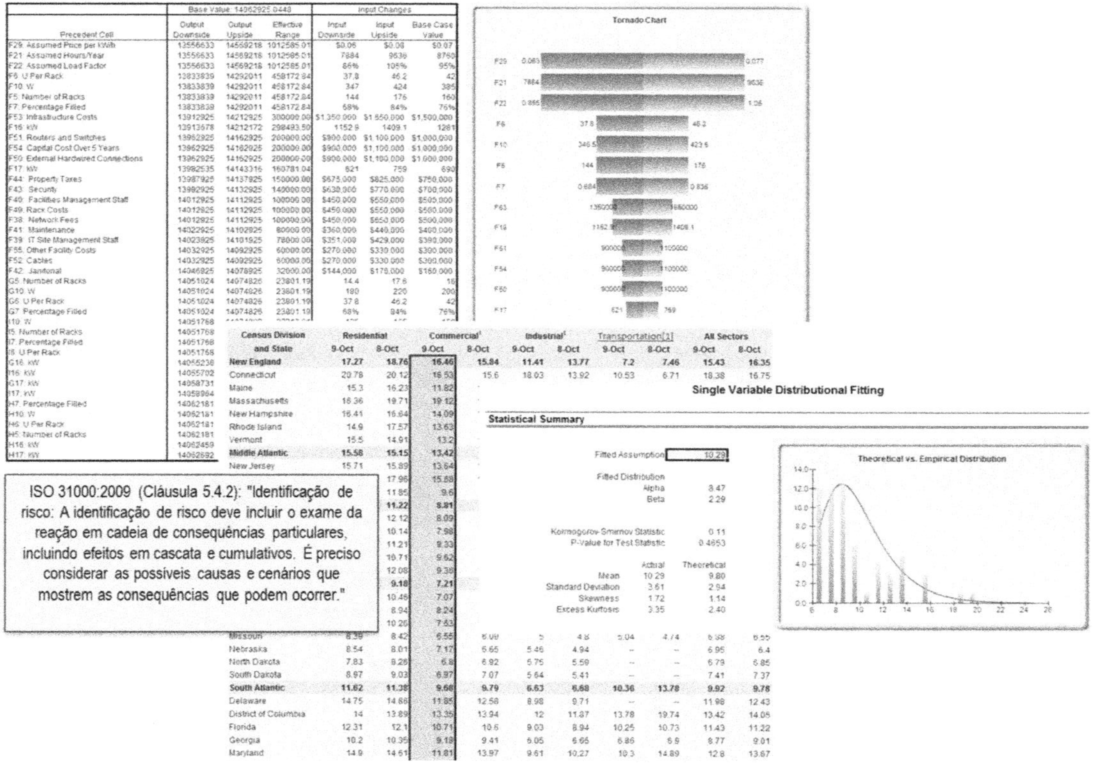

ISO 31000:2009 (Cláusula 5.4.2): "Identificação de
risco: A identificação de risco deve incluir o exame da
reação em cadeia de consequências particulares,
incluindo efeitos em cascata e cumulativos. É preciso
considerar as possíveis causas e cenários que
mostrem as consequências que podem ocorrer."

Figura 3.9: ISO 31000:2009 — Consequências, Efeito em Cascata e Cenários

Painel de Gerenciamento

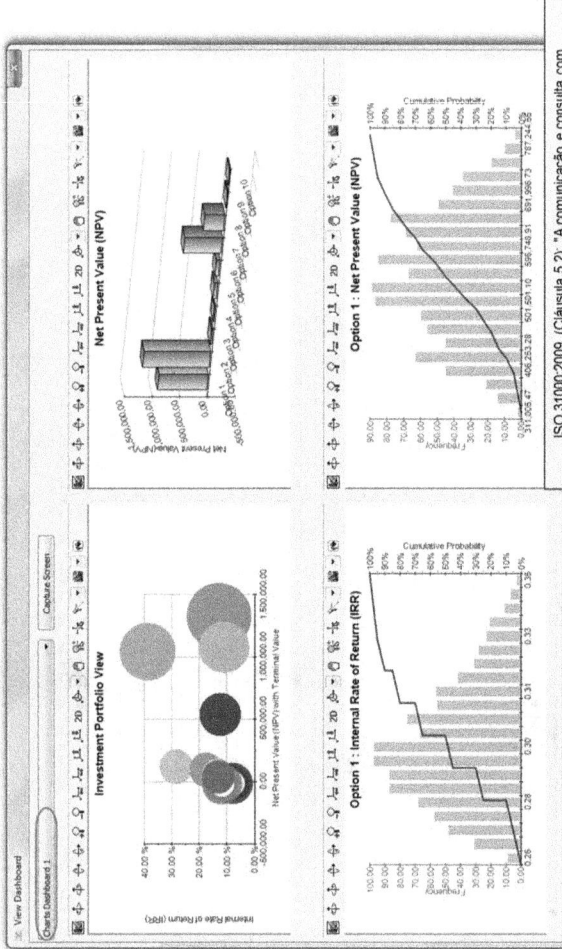

Você pode recuperar qualquer uma das telas salvas e essas telas só serão preenchidas se os modelos apropriados tiverem sido executados....

ISO 31000:2009 (Cláusula 5.2): "A comunicação e consulta com stakeholders externos e internos devem ser realizadas durante todas as etapas do processo gr. Devem abordar questões relacionadas ao seu próprio risco, suas causas, suas consequências (se conhecidas) e as medidas que estão sendo tomadas para enfrentá-lo. As partes interessadas devem entender a base em quais decisões são tomadas e as razões pelas quais ações específicas são necessárias."

Figura 3.10: ISO 31000:2009 — Comunicações e Consultas

CONFOMIDADE COM ACORDOS BASILEIA III E BASILEIA IV

Abaixo está um resumo da conformidade da metodologia IRM com a Basileia III e a Basileia IV:

- A Figura 3.11 mostra as simulações de risco Monte Carlo que são aplicadas para determinar níveis de confiança, percentis e probabilidades de ocorrência usando dados historicamente ajustados ou previsão de expectativas. Esses métodos coincidem com os requisitos das Seções 16 e 161 da Basileia III e da Basileia IV relacionadas ao uso de simulações históricas, simulações Monte Carlo, intervalos de confiança e percentil 99.

- A Figura 3.12 mostra uma simulação correlacionada de uma carteira de ativos e passivos, onde os retornos dos ativos se correlacionam entre si em uma carteira e são executadas rotinas otimizam com resultados simulados. Esses processos atendem aos requisitos das Seções 178, 232 e 527(f) de Basileia III e Basileia IV, que envolvem correlações, modelos de Valor ao Risco (VaR), portfólios de segmentos e exposições agrupadas (ativos e passivos).

- A Figura 3.13 mostra o percentil do Valor em Risco e os cálculos de confiança utilizando modelos estruturais e resultados de simulação, que estão em consonância com os requisitos das Seções 179, 527(c) e 527 (f) de Basileia III e Basileia IV.

- A Figura 3.14 mostra os cálculos de probabilidade determinados (PD) conforme exigido pelos Acordos de Basileia, especificamente Seção 733 e Anexo 2, Seção 16 da Basileia III e Basileia IV. O DP pode ser calculado utilizando modelos estruturais ou com base em dados históricos através da execução de relações básicas a modelos logísticos binários mais avançados.

- A Figura 3.15 exibe a simulação e geração de curvas de rendimento da taxa de juros, utilizando os modelos do *Risk Simulator* e do *Modeling Toolkit* (ROV) como ferramentas de modelagem. Estes métodos estão em consonância com os requisitos da Seção 763 da Basileia III e da Basileia IV que requerem análise das flutuações e choques das taxas de juros.

- A Figura 3.16 mostra modelos adicionais para taxas de juros voláteis, mercados financeiros e outros choques instantâneos de instrumentos líquidos, utilizando modelos de processo estocásticos do *Risk Simulator*. Essas análises atendem aos requisitos das Seções 155, 527 (a) e 527 (b) de Basel III e Basel IV.

- A Figura 3.17 exibe diversos modelos de previsão com alto poder preditivo e analítico, que pertencem à família do método de previsão de simulador de risco. Esta modelagem atende aos requisitos da Seção 417 da Basileia III e da Basileia IV que requerem modelos com boa potência preditiva.

- A Figura 3.18 mostra uma lista de modelos financeiros e de crédito, disponíveis nos aplicativos dos softwares da ROV como *Modeling Toolkit* e *SLS Real Options*. Esses modelos atendem aos requisitos das Seções 112, 203 e 527 (e) de Basileia III e Basileia IV, que devem ser capazes de avaliar e modelar derivativos *over-the-counter* (TBT), renda não linear e derivativos conversíveis, *hedges* e opções integradas.

- A Figura 3.19 define a modelagem de instrumentos e *hedges* cambiais, para determinar a eficácia do mercado cambial na cobertura de veículos e seu impacto na valorização, rentabilidade da carteira e *VaR*, coincide com as Seções 131 e 155 da Basileia III e Basileia IV, que exigem análise de diferentes moedas, correlações, volatilidade e *hedges*.

- A Figura 3.20 apresenta *spread ajustado por opções* (OAS), *swaps* de inadimplência de crédito (CDS) e *opções de spread de crédito* (CSO) na caixa de ferramentas de modelagem ROV. Esses modelos cumprem os requisitos das Seções 140 e 713 da Basileia III e da Basileia IV, relativas à modelagem e valorização dos derivativos de crédito e cobertura de crédito.

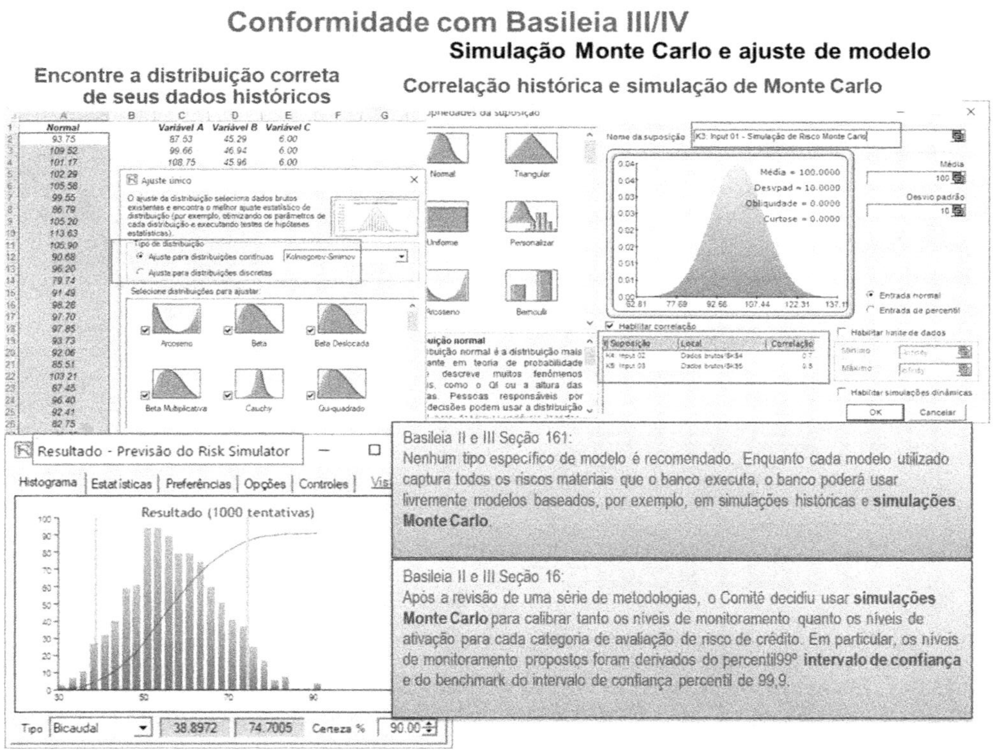
Conformidade com Basileia III/IV
Simulação Monte Carlo e ajuste de modelo
Encontre a distribuição correta de seus dados históricos
Correlação histórica e simulação de Monte Carlo
Ajuste único
Resultado - Previsão do Risk Simulator
Histograma
Estatísticas
Preferências
Opções
Controles
Resultado (1000 tentativas)
Tipo
Bicaudal
38.8972
74.7005
Certeza %
90.00
Média = 100.0000
Desvpad = 10.0000
Obliquidade = 0.0000
Curtose = 0.0000
Habilitar correlação
OK
Cancelar
Basileia II e III Seção 161:
Nenhum tipo específico de modelo é recomendado. Enquanto cada modelo utilizado captura todos os riscos materiais que o banco executa, o banco poderá usar livremente modelos baseados, por exemplo, em simulações históricas e simulações Monte Carlo.
Basileia II e III Seção 16:
Após a revisão de uma série de metodologias, o Comitê decidiu usar simulações Monte Carlo para calibrar tanto os níveis de monitoramento quanto os níveis de ativação para cada categoria de avaliação de risco de crédito. Em particular, os níveis de monitoramento propostos foram derivados do percentil99º intervalo de confiança e do benchmark do intervalo de confiança percentil de 99,9.

Figura 3.11: Níveis de Confiança, Simulações Monte Carlo e Risco de Crédito em Basileia III e Basileia IV

Conformidade com Basileia III/IV

Otimização de portfólio correlacionado

TAIL VALUE AT RISK MODEL (BASEL II REQUIREMENT)

Line of Business	Mean Required Capital	99.95th Percentile	Capital Required	Allocation Weights	Minimum Allowed	Maximum Allowed
Business 1	$10.50	$36.52	$26.01	10.00%	5.00%	15.00%	3.48
Business 2	$11.12	$47.52	$36.39	10.00%	5.00%	15.00%	4.27
Business 3	$11.77	$48.99	$37.22	10.00%	5.00%	15.00%	4.16
Business 4	$10.77	$37.34	$26.56	10.00%	5.00%	15.00%	3.47
Business 5	$13.49	$49.52	$36.03	10.00%	5.00%	15.00%	3.67
Business 6	$14.24	$55.59	$41.35	10.00%	5.00%	15.00%	3.91
Business 7	$15.60	$60.24	$44.64	10.00%	5.00%	15.00%	3.86
Business 8	$14.95	$64.69	$49.74	10.00%	5.00%	15.00%	4.33
Business 9	$14.15	$61.02	$46.87	10.00%	5.00%	15.00%	4.31
Business 10	$10.08	$35.37	$25.29	10.00%	5.00%	15.00%	3.51
Portfolio Total	$12.67	$49.68	$37.01	100.00%			
Total Capital Required			**$14.00**				

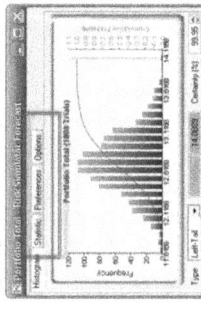

Correlation Matrix

This model shows the capital requirements per Basel II (99.95 percentile capital adequacy) based on a specific holding period). Without running risk-based historical and Monte Carlo simulation using Risk Simulator, the required capital is $37.01M as compared to only $14.00M is required. This is due to the cross-correlations between assets and business lines, and can only be modeled using Risk Simulator.
To run the model click on Simulation and select Run Simulation (if you had other models open, make sure you first click on Simulation, Change Simulation Profile, and select the Tail VaR profile before starting). This model will not run unless Risk Simulator is installed.

Basileia II e III Seção 232

A exposição deve fazer parte de um grande conjunto de exposições, que são geridas pelo banco de forma conjunta. Além disso, não deve ser gerenciado individualmente de forma comparável às exposições corporativas, mas sim como parte de um segmento de **portfólio** ou conjunto de exposições com características de risco semelhantes para fins de avaliação de risco e quantificação.

Basileia II e III Seção 527 (f):

Sujeito à revisão de supervisão, as correlações da carteira de ações podem ser integradas às medidas internas de risco do banco. O uso de um **modelo VaR** de **variância/covariância** (por exemplo, o uso de um **modelo VaR** de **variância/covariância**) deve ser totalmente documentado e suportado por análise empírica. Os supervisores avaliarão a adequação das premissas de correlação implícitas em sua revisão da documentação do modelo e das técnicas de estimativa.

Basileia II e III Seção 178:

Como alternativa ao uso de cortes de avaliação padrão ou próprios, os bancos podem ser autorizados a usar uma abordagem baseada em **modelo VaR** para refletir a volatilidade dos preços de exposição e garantias em transações contratuais recompradas, levando em conta os efeitos de correlação entre as posições dos títulos. Essa abordagem se aplicaria às transações de contratos de recompra cobertas por acordos bilaterais de compensação em cada uma das contrapartes.

Figura 3.12: Carteiras Correlacionadas e Simulações Correlacionadas em Basileia III e Basileia IV

Conformidade com Basileia III/IV

Valor em Risco

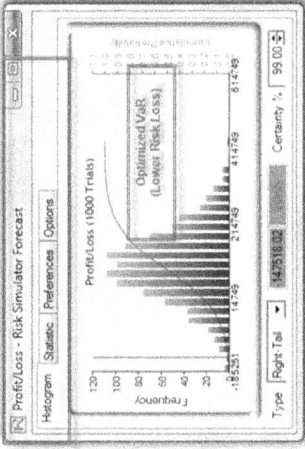

VALUE AT RISK WITH ASSET ALLOCATION OPTIMIZATION MODEL

Asset Class Descriptions	Annualized Returns	Volatility Risk	Allocation Weights	Required Minimum Allocation	Required Maximum Allocation
S&P 500	7.10%	9.80%	25.00%	10.00%	40.00%
Small Cap	9.51%	14.35%	25.00%	10.00%	40.00%
High Yield	15.90%	22.50%	25.00%	10.00%	40.00%
Govt Bonds	4.50%	7.25%	25.00%	10.00%	40.00%
		Total Weight:	100.00%		

Correlation Matrix

	S&P 500	Small Cap	High Yield	Govt Bonds
S&P 500	1.0000	0.7400	0.8600	0.5500
Small Cap	0.7400	1.0000	0.4200	0.3100
High Yield	0.6600	0.4200	1.0000	0.2200
Govt Bonds	0.5500	0.3100	0.2200	1.0000

Covariance Matrix

	S&P 500	Small Cap	High Yield	Govt Bonds
S&P 500	0.0096	0.0104	0.0143	0.0039
Small Cap	0.0104	0.0206	0.0136	0.0032
High Yield	0.0143	0.0136	0.0506	0.0018
Govt Bonds	0.0039	0.0032	0.0018	0.0053

VALUE AT RISK (VARIANCE-COVARIANCE METHOD)

Amount	Daily Volatility
$1,000,000.00	1.20%
$2,000,000.00	2.00%
$3,000,000.00	1.89%
$4,000,000.00	3.25%
$5,000,000.00	4.20%

This model is used to compute the portfolio's Value at Risk at a given percentile for a specific holding period, after accounting for the cross-correlation effects between the assets. The daily volatility is the annualized volatility divided by the square root of trading days per year.

	Asset A	Asset B	Asset C	Asset D	Asset E
Asset A	1.0000	0.1000	0.1000	0.1000	0.1000
Asset B	0.1000	1.0000	0.1000	0.1000	0.1000
Asset C	0.1000	0.1000	1.0000	0.1000	0.1000
Asset D	0.1000	0.1000	0.1000	1.0000	0.1000
Asset E	0.1000	0.1000	0.1000	0.1000	1.0000

Basileia II e III Seção 527 (i).
Sujeita à revisão de supervisão, as correlações da carteira de patrimônio podem ser integradas às medidas de risco interno do banco. O uso de correlações explícitas (por exemplo, o uso de um modelo var de **variância covariância**) deve ser totalmente documentado e suportado por análise empírica. Os supervisores avaliarão a adequação das premissas de **correlação** implícitas em sua revisão da documentação do modelo e das técnicas de estimativa.

Basileia II e III Seção 179.
Os critérios quantitativos e qualitativos para o reconhecimento dos modelos de risco de mercado interno para operações de recompra de contratos e outras transações similares são, em princípio, os mesmos da Emenda de Risco de Mercado. Com relação ao período de retenção, o mínimo será de 5 dias para operações de recompra de contratos; em vez dos 10 dias previstos na Alteração de Risco de Mercado. Para outras transações elegíveis para a abordagem **modelo VaR**, o período de posse de 10 dias será mantido.

Basileia II e III Seção 527 (c).
Nenhum tipo específico de **modelo VaR** (por exemplo, **variância-covariância**, simulação histórica ou Monte Carlo) é prescrito. No entanto, o modelo utilizado deve ser capaz de capturar adequadamente todos os riscos materiais que são incorporados em rendimentos de ações, incluindo tanto o risco geral do mercado quanto a exposição a riscos específicos para a carteira de ações da entidade. Os modelos internos devem explicar adequadamente a variação histórica dos preços, capturar tanto a magnitude quanto as mudanças na composição de concentrações potenciais e ser robustos diante de ambientes de mercado adversos. A população de exposições de risco representadas nos dados utilizados para a estimativa deve ser muito semelhante ou pelo menos comparável à das exposições de ações do banco.

Figura 3.13: Valor em Risco e Percentis em Basileia III e Basileia IV

Engenharia Financeira: Risco de Crédito

Probabilidade de não conformidade

Default Probability and Credit Risk Model for Basel II

STEP ONE:

Available market and corporate data stating that we have

Market Capitalization	$3,000	(in millions)
Equity Volatility (computed)	45.64%	(annualized)
Total Liabilities	$10,000	(in millions)

This value is obtained from market data on the firm's capitalization
This value is computed in the Volatility or LPVA worksheets
This is the firm's book value of debt

Inputs in the real options model

	Solved	Starting	Optimized
Call Value	$2,491		
Asset Value*	$12,000	$12,000	$12,569
Strike Value	$10,000		
Maturity	1		
Volatility of Asset*	10.00%	10.0%	11.53%
Risk-free Rate	5.0%		
Dividend Rate	0%		

This is the value of the option and should be set to the equity value using optimization
This is the value to be solved and is hence set as a decision variable in Risk Simulator
This is set as the book value of debt
For simplicity, we set this as 1 year, to obtain the 1-year default probability
This is the value to be solved and is hence set as a decision variable in Risk Simulator
This is the corresponding risk-free rate for the maturity of the option being analyzed
For simplicity, we assume a zero dividend rate

Optimization parameters

Call value	$3,000
Computed value	$2,491
Minimize Absolute Difference	$509

This is the target result
This is the computed result
Objective to Minimize (we minimize this error function to solve the simultaneous equations)

Decision Variable Constraints

	Min	Max
Asset Value	$10,000	$15,000
Volatility	5%	35%

These are decision variable constraints, set at appropriate levels based on the input parameters
These are decision variable constraints, set at appropriate levels based on the input parameters

Optimization Constraints:

Set value	39.26% to be exactly 45.64% which is the equity volatility

STEP TWO:

Default Probability is computed using the Risk Simulator Distributional Analysis tool on:

Anticipated Growth	7%	Enter in the expected annualized cumulative growth rate of the firm's assets
Standardized Value	-2.4732	This an intermediate computed value
Default Probability	0.6695%	This is the computed probability of default

Distance to Default:	2.47	This is the computed distance to default in standard deviations

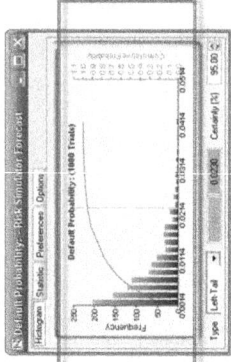

Basileia II e III Anexo 2 - Seção16:
Após a revisão de uma série de metodologias, o Comitê decidiu usar **simulações Monte Carlo** para calibrar tanto os níveis de monitoramento quanto os níveis de ativação para cada categoria de avaliação de risco de crédito. Em particular, os níveis de monitoramento propostos foram derivados do **percentil 99º** intervalo de confiança e do benchmark do intervalo de confiança percentil de 99,9.

Basileia II e III Seção 733:
Risco de Crédito: Os bancos devem ter metodologias que permitem avaliar os crédito em risco envolto em exposição de **mutuários individuais ou contrapartes**, bem como no nível da carteira. Existem dois mais sofisticados bancos, a avaliação da revisão de crédito da adequação de capital deve por quatro áreas menos abranger: sistemas de classificá-o de risco, análise / adequação de carteiras, participação/derivativo complexo/derivativo e grandes exposições e concentrados de risco

Figura 3.14: Análise de Risco de Crédito em Basileia III e Basileia IV

Engenharia Financeira: Risco de Mercado

Análise das taxas de juros e curvas de rendimento

Sp..ed Curve

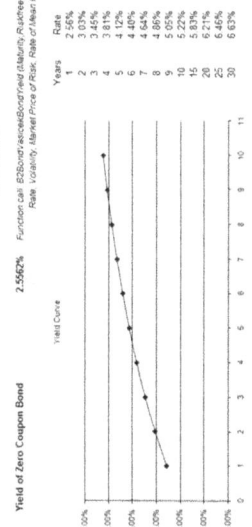

VASICEK MODEL
YIELD CURVE CONSTRUCTION

Input Assumptions

Time to Maturity of the Bond or Debt (Years)	1.00
Risk-free Rate (Short Rate)	2.00%
Long-run Mean Rate	8.00%
Annualized Volatility of Interest Rate	2.00%
Market Price of Interest Rate Risk	0.00%
Rate of Mean Reversion	20.00%

Yield of Zero Coupon Bond 2.5562%

This is the Vasicek model used to compute the term structure of interest rates and yield curve. The Vasicek model assumes a mean-reverting stochastic interest rate. The rate of reversion and long-run mean rates can be determined using Risk Simulator's statistical analysis tool. If the long-run rate is higher than the current short rate, the yield curve is upward sloping, and vice versa.

Years	Rate
1	2.56%
2	3.03%
3	3.45%
4	3.81%
5	4.12%
6	4.40%
7	4.64%
8	4.86%
9	5.05%
10	5.22%
15	5.83%
20	6.21%
25	6.46%
30	6.63%

Basileia II e III Seção 763

A revisão da diretiva **de risco de taxa de juros** reconhece que os sistemas internos dos bancos são a principal ferramenta para medir o risco de taxa de juros na carteira bancária e na resposta de supervisão. Para facilitar o monitoramento da exposição ao risco de taxas de juros em todas as instituições, os bancos precisariam facilitar os resultados de seus sistemas de medição interna, expressos em termos de valor econômico em relação ao capital utilizando uma mudança padronizada nas taxas de juros.

Figura 3.15: Risco de Taxa de Juros e Choques de Mercado em Basileia III e Basileia IV

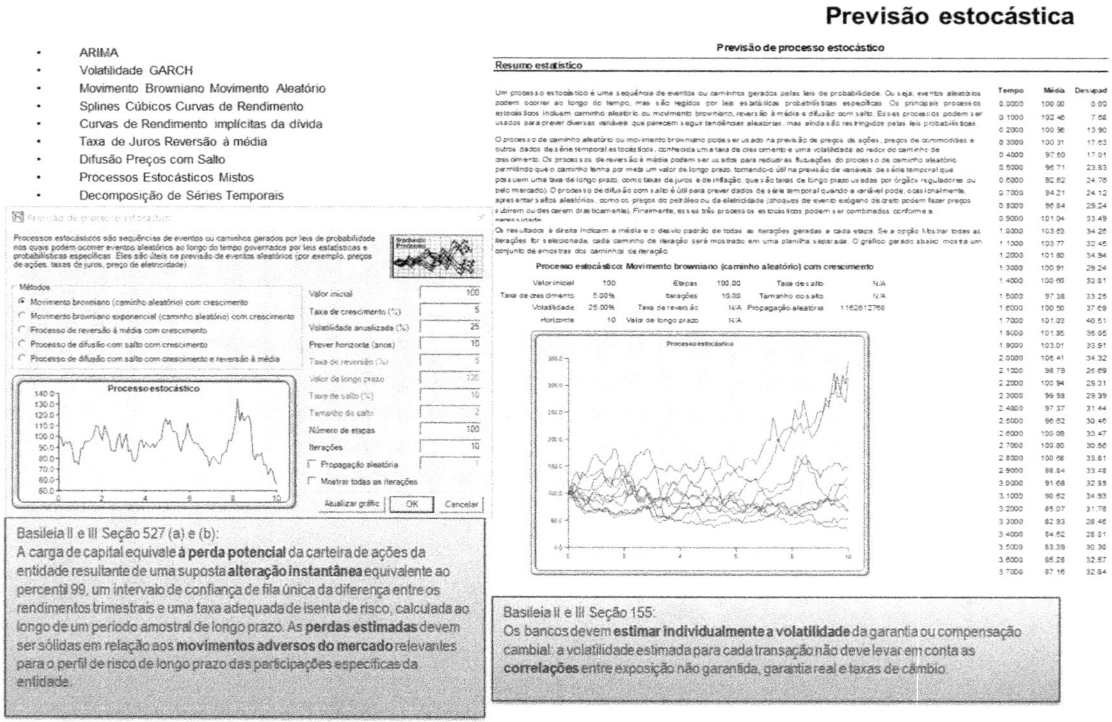
Previsão estocástica
ARIMA
Volatilidade GARCH
Movimento Browniano Movimento Aleatório
Splines Cúbicos Curvas de Rendimento
Curvas de Rendimento implícitas da dívida
Taxa de Juros Reversão à média
Difusão Preços com Salto
Processos Estocásticos Mistos
Decomposição de Séries Temporais
Previsão de processo estocástico
Resumo estatístico
Processo estocástico
Basileia II e III Seção 527 (a) e (b):
A carga de capital equivale à perda potencial da carteira de ações da entidade resultante de uma suposta alteração instantânea equivalente ao percentil 99, um intervalo de confiança de fila única da diferença entre os rendimentos trimestrais e uma taxa adequada de isenta de risco, calculada ao longo de um período amostral de longo prazo. As perdas estimadas devem ser sólidas em relação aos movimentos adversos do mercado relevantes para o perfil de risco de longo prazo das participações específicas da entidade.
Basileia II e III Seção 155:
Os bancos devem estimar individualmente a volatilidade da garantia ou compensação cambial: a volatilidade estimada para cada transação não deve levar em conta as correlações entre exposição não garantida, garantia real e taxas de câmbio.

Figura 3.16: Volatilidade e Choques Instantâneos Adversos em Basileia III e Basileia IV

Modelos de dados e relacionamentos

Análise Econométrica – ARIMA, Regressões, GARCH

Modelagem e previsão de dados transversais, séries poentais e painéis mistos e aplicações de previsões de volatilidade

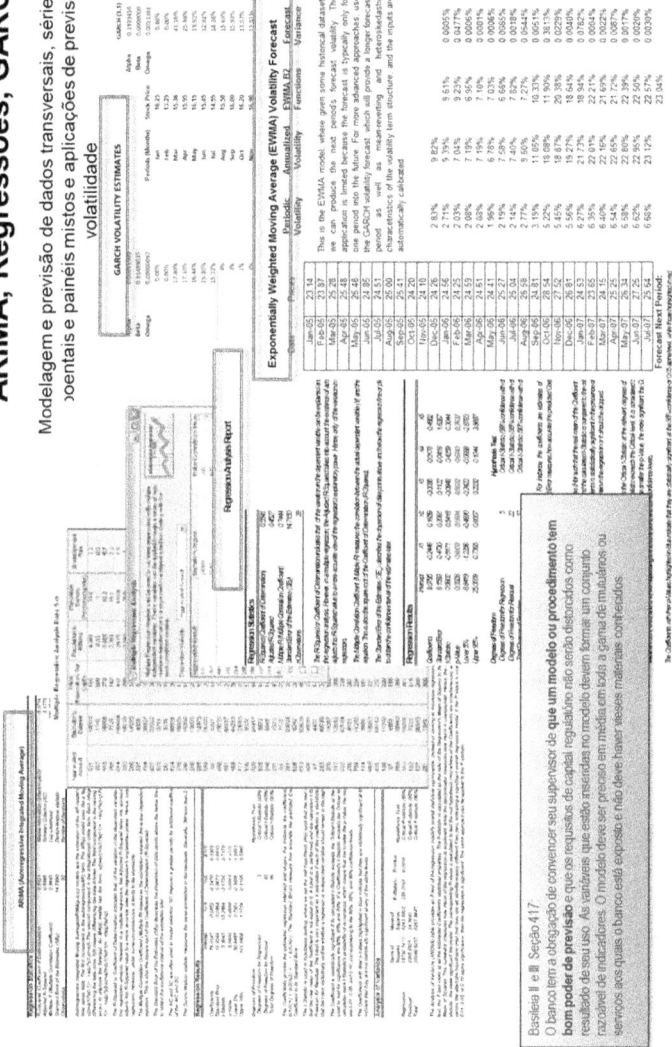

Figura 3.17: Modelos de Previsão com Forte Poder Preditivo - Basileia III e Basileia IV

Opções exóticas e especializadas

Todos esses modelos estão em Instrumentos de Modelagem Basel III/IV

Coluna 1	Coluna 2	Opções exóticas e especializadas	Instrumentos de Modelagem Basel III/IV
American and European Options	Index Options	Employee Stock Options - Simple American Call	Real Options - Dual-Asset Rainbow Option Pentanomial Lattice
Asian Arithmetic	Inverse Gamma Out-of-the-money Options	Employee Stock Options - Simple Bermudan Call with Vesting	Real Options - Exotic Complex Floating American Chooser
Asian Geometric	Jump Diffusion	Employee Stock Options - Simple European Call	Real Options - Exotic Complex Floating European Chooser
Asset or Nothing	Leptokurtic and Skewed Options	Employee Stock Options - Suboptimal Exercise	Real Options - Expand Contract Abandon American and European Option
Barrier Options	Lookback Fixed Strike Partial Time	Employee Stock Options - Vesting and Suboptimal Exercise	Real Options - Expand Contract Abandon Bermudan Option
Binary Digital Options	Lookback Fixed Strike	Exotic Options - Vesting, Blackout, Suboptimal, Forfeiture	Real Options - Expand Contract Abandon Customized Option I
Cash or Nothing	Lookback Floating Strike Partial Time	Exotic Options - American Call Option with Dividends	Real Options - Expand Contract Abandon Customized Option II
Credit Spread Options	Lookback Floating Strike	Exotic Options - Accruals on Basket of Assets	Real Options - Expansion American and European Option
Commodity Options	Min and Max of Two Assets	Exotic Options - American Call Option on Foreign Exchange	Real Options - Expansion Bermudan Option
Complex Options	Option Collar	Exotic Options - American Call Option on Index Futures	Real Options - Expansion Customized Option
Currency Options	Options on Futures	Exotic Options - Barrier Option - Down and In Lower Barrier	Real Options - Jump Diffusion Calls and Puts using Quadranomial Lattices
Double Barriers	Perpetual Options	Exotic Options - Barrier Option - Down and Out Lower Barrier	Real Options - Mean Reverting Calls and Puts using Trinomial Lattices
Exchange Assets	Simple Chooser	Exotic Options - Barrier Option - Up and In Upper Barrier Call	Real Options - Multiple Asset Competing Options (3D Binomial)
Extreme Spread	Spread on Futures	Exotic Options - Barrier Option - Up and Ins, Down and In Double Barrier Call	Real Options - Multiple Phased Complex Sequential Compound Option
Foreign Equity Linked Forex	Supershares	Exotic Options - Barrier Option - Up and Out Upper Barrier Call	Real Options - Multiple Phased Sequential Compound Option
Foreign Equity Domestic Currency	Time Switch	Exotic Options - Barrier Option - Up and Out, Down and Out Double Barrier Call	Real Options - Multiple Phased Simultaneous Compound Option
Foreign Equity Fixed Forex	Trading Day Corrections	Exotic Options - Basic American, European, versus Bermudan Call Options	3 Put's using Trinomial Lattices
Foreign Takeover Options	Two Asset 3D Options	Exotic Options - Equity Limited Notes	3sed Sequential Compound Option
Forward Start	Two Assets: Barrier	Exotic Options - Chooser Option	3sed Simultaneous Compound Option
Futures and Forward Options	Two Assets: Cash	Exotic Options - European Call Option with Dividends	High-Tech Manufacturing Strategy A
Gap Options	Two Assets Correlated	Exotic Options - Range Accruals	High-Tech Manufacturing Strategy B
Graduated Barriers	Unseen Dividends	Options Analysis - Plain Vanilla Call Option I	High-Tech Manufacturing Strategy C
Implied Trinomial Lattices	Writer Extendable	Options Analysis - Plain Vanilla Call Option II	Oil and Gas - Strategy A
		Options Analysis - Plain Vanilla Call Option III	Oil and Gas - Strategy B
		Options Analysis - Plain Vanilla Call Option IV	RG Stage-Gate Process A
		Quadranomial - Jump Diffusion American Call Option	RG Stage-Gate Process B
		Quadranomial - Jump Diffusion American Put Option	Switching Option's Strategy A
		Quadranomial - Jump Diffusion European Call Option	Switching Option's Strategy B
		Quadranomial - Jump Diffusion European Put Option	
		Trinomial - American Call Option	
		Trinomial - American Put Option	
		Trinomial - European Call Option	
		Trinomial - European Put Option	
		Trinomial - Mean Reverting American Call Option	
		Trinomial - Mean Reverting American Put Option	
		Trinomial - Mean Reverting European Call Option	
		Trinomial - Mean Reverting European Put Option	
		Pentanomial - American Rainbow Call Option	
		Pentanomial - American Rainbow Put Option	
		Pentanomial - Dual Reverse Strike American Call (3D Binomial)	Binary Digital Instruments
		Pentanomial - Dual Reverse Strike American Put (3D Binomial)	Inverse Floater Bond Lattice
		Pentanomial - Dual Strike American Call (3D Binomial)	Options: Trading Strategies
		Pentanomial - Dual Strike American Put (3D Binomial)	Options Adjusted Spreads on Debt
		Pentanomial - European Rainbow Call Option	Options on Debt
		Pentanomial - European Rainbow Put Option	
		Pentanomial - Exchange of Two Assets American Put (3D Binomial)	
		Pentanomial - Maximum of Two Assets American Call (3D Binomial)	Caps and Floors
		Pentanomial - Maximum of Two Assets American Put (3D Binomial)	Convertible Bond
		Pentanomial - Minimum of Two Assets American Call (3D Binomial)	
		Pentanomial - Minimum of Two Assets American Put (3D Binomial)	Valuation of a Warrant - Combined Value
		Pentanomial - Portfolio American Call (3D Binomial)	Valuation of a Warrant - Put Only
		Pentanomial - Portfolio American Put (3D Binomial)	Valuation of a Warrant - Warrant Only
		Pentanomial - Spread of Two Assets American Call (3D Binomial)	
		Pentanomial - Spread of Two Assets American Put (3D Binomial)	

Basileia II e III Seção 112
A abordagem abrangente para o processamento de garantias também seria aplicada para calcular os encargos de risco de contraparte para derivativos OTC e operações de recompra de contratos registrados na carteira de negociação

Basileia II e III Seção 527 (e)
As entidades devem utilizar um modelo mesmo adequado para o perfil de risco e complexidade de sua carteira de ações Entidades com participações significativas com valores de natureza altamente não linear (por exemplo, derivativos de ações, conversíveis) devem utilizar um modelo interno projetado para capturar adequadamente os riscos associados a tais instrumentos

Basileia II e III Seção 203
Para cobertura, as opções incorporadas que podem reduzir o prazo de cobertura devem ser levadas em conta para que o menor vencimento efetivo possível seja utilizado. Quando uma opção de compra estiver a critério do vendedor de proteção, o vencimento será sempre na data da primeira opção de compra. Se a ação judicial estiver a critério do comprador do banco de proteção, mas os termos do acordo no risco da cobertura

Figura 3.18: Modelagem de Derivativos OTC e Conversíveis Exóticos - Basileia III e Basileia IV

Risco de Taxa de Câmbio

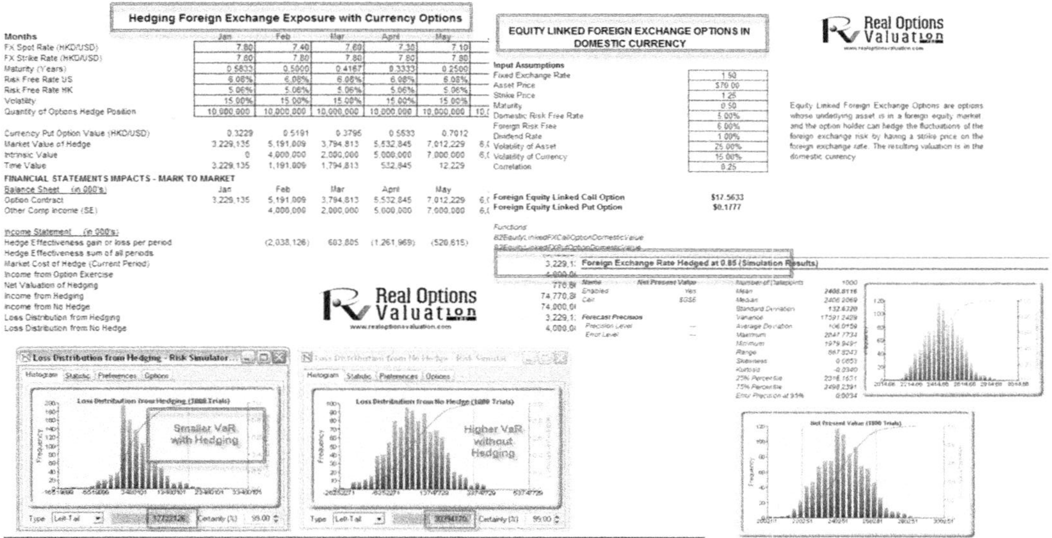

Figura 3.19: Modelagem de Flutuação de Moeda em - Basileia III e Basileia IV

Basileia II e III Seção 131. Além disso, onde a exposição e as garantias são mantidas em diferentes moedas, um ajuste adicional para baixo deve ser feito para o montante da garantia ajustada à volatilidade e levar em conta as possíveis flutuações futuras nas taxas de câmbio.

Basileia II e III Seção 155. Os bancos devem estimar individualmente a volatilidade da garantia ou compensação cambial, a volatilidade estimada para cada transação não deve levar em conta as correlações entre exposição não-garantia, garantia real e taxas de câmbio.

Derivativos de crédito

OPTIONS ADJUSTED SPREAD WITH YIELD CURVE AND VOLATILITY TERM STRUCTURE

Face Value	$100.00	Coupon Per Period	$2.50
Maturity	4	Market Price of Debt	$100.00
Total Steps	8	Callable Price	$101.00
		Callable Step	6

Delta T	0.5000
Straight Spread	0.0000%
Callable Spread	0.0000%

Modeling Toolkit Functions:
2.3387%
2.3898%

Compute Spreads

Real Options Valuation
www.realoptionsvaluation.com

Certain types of debt curve with an option-embedded provision, for instance, a bond might be callable if the market price exceeds...
It more profitable for the issuing company to call the debt and reissue new ones at the lower rate, or prepayment allowing to...
compute the option adjusted spread, i.e., the additional premium that should be charged on the option provision. You can estimate...

| Interest Rates (Yields) | 2.60% | 2.60% | 2.60% | 2.60% | 2.60% | 2.60% | 2.60% | 2.60% |
| Interest Volatilities | N/A | 20.00% | 20.00% | 20.00% | 20.00% | 20.00% | 20.00% | 20.00% |

Short Rate Lattice

Steps	0	1	2	3	4	5	6	7
0	2.60%	2.86%	3.14%	3.46%	3.60%	4.11%	4.61%	5.07%
0		2.34%	2.57%	2.92%	3.11%	3.43%	3.77%	4.15%
0			2.11%	2.52%	2.55%	2.81%	3.09%	3.40%
0				1.90%	2.09%	2.30%	2.53%	2.79%
0					1.71%	1.88%	2.07%	2.28%
0						1.54%	1.69%	1.87%
0							1.39%	1.53%
0								1.25%

Straight Price Lattice
Using Function: 110.86

	0	1	2	3	4	5	6	7	8
0	110.06	107.95	106.01	104.25	102.73	101.45	100.48	98.87	
1		110.04	108.00	106.13	104.43	102.95	101.72	100.78	
2			109.65	107.68	105.85	104.19	102.74	101.53	
3				108.97	107.02	105.22	103.59	102.15	
4					107.99	106.07	104.29	102.66	
5						106.77	104.86	103.08	
6							105.34	103.43	
7								103.71	

Callable Debt Price Lattice
Using Function: 110.83

	0	1	2	3	4	5	6	7	8
0	110.03	108.25	106.62	105.15	103.77	102.32	100.48	98.87	
1		109.98	107.99	105.81	105.21	104.20	103.50	100.78	

Basileia II e III Seção 140: Quando as garantias ou **derivativos de crédito** são diretas,
explícitas, irrevogáveis e incondicional, e os supervisores estão convencidos de que os
bancos cumprem certas condições mínimas de operação relacionadas dos processos de
gerenciamento de riscos, eles podem permitir que os bancos levem em conta essa
proteção de crédito ao calcular os requisitos de capital.
Basileia II e III Seção 713: Custos específicos de **capital de risco** para posições cobertas
por derivativos de crédito. Será permitido mostrar quando o valor de ambos os lados da
operação (ou seja, longo e curto) sempre via em direções opostas e basicamente na
mesma medida.

CREDIT DEFAULT SWAP (CDS) SPREADS

Real Options Valuation
www.realoptionsvaluation.com

Input Assumptions

Bond Yield	7.00%
Annual Coupon Rate	10.00%
Coupon Payments Per Year	2
Risk-free Yield	5.00%
Recovery Rate at Default	80.00%

Credit Default Swap Spread	1.7590%

A credit default swap or CDS which allows the holder
of the instrument to sell a bond or debt at par value
when a credit event or default occurs. This model
computes the valuation of the CDS spread. A CDS
does not protect against movements of the credit
spread (only a credit spread option can do that), but

CREDIT SPREAD OPTIONS (CSO)

Input Assumptions

Credit Spread	3.00%
Strike Spread	2.90%
Duration (Spread to Currency Conversion Rate)	1000.00
Probability of Default	2.50%
Maturity	1.00
Riskfree Rate	5.00%
Volatility	25.00%

Credit Spread Call Option	$3.2102
Credit Spread Put Option	$2.2828

B2CreditSpreadCallOption
B2CreditSpreadPutOption

Credit spread options or CSO are exotic options where
the payoff depends on a credit spread or the price of
the underlying asset that is sensitive to interest rate
movements such as floating or inverse floating rate
notes and debt. A CSO call provides a return to the
holder if the prevailing reference credit spread exceeds
the predetermined strike rate, and the duration input
variable is used to translate the percentage spread
into a notional currency amount. The CSO expires
when there is a credit default event.

Input Assumptions

Forward Asset Price at Maturity	$1,000.00
Strike Price	$900.00
Probability of Default	2.50%
Maturity	1.00
Riskfree Rate	5.00%
Volatility	25.00%

Credit Asset Spread Call Option	$141.5406
Credit Asset Spread Put Option	$48.8957

CSO can only protect against any movements in the
reference spread and not a default event. Only a credit
default swap (CDS) can do that. Typically, to hedge
against defaults and spread movements, both CDS
and CDO are used. In some cases, when the CSO
covers a reference entity's underlying asset value and
not the spread itself, the credit asset spread options
are used instead.

Figura 3.20: Derivativos de Crédito e Cobertura - Basileia III e Basileia IV

Abaixo está um resumo da conformidade com o COSO-ERM *Integrated Framework* ao utilizar a metodologia IRM® :

- A Figura 3.21 mostra a guia do módulo de Registro de Risco PEAT/ERM onde estão os custos e benefícios de mitigação (riscos brutos reduzidos a níveis de risco residual), medidas de *probabilidade* e *impacto,* e níveis de precisão, modelados como variável aleatórias para uma simulação de risco Monte Carlo, de acordo com as Seções 5 e 6 do *Framework* COSO-ERM.

- A Figura 3.22 mostra o módulo PEAT/ERM onde a probabilidade e o impacto são gerados dentro de um mapa de risco, de acordo com a Imagem COSO AT (Figura 5.13).

- A Figura 3.23 mostra o cumprimento do COSO AT (Imagem 6.5) e da Seção 6 do COSO-ERM *Integrated Framework*, que calcula o portfólio e unidade de negócios, departamento e riscos brutos e residuais de áreas funcionais, em toda a empresa.

- A Figura 3.24 é uma amostra dos relatórios de Painéis de Risco e conformidade COSO (Imagem 6.5 e Seção 6 do COSO-ERM *Integrated Framework*), onde o a carteira de riscos residuais e brutos, das áreas funcionais, unidades de negócios, departamento e de toda a entidade são calculados e comparados entre si.

- A Figura 3.25 exibe o modelo de fronteira eficiente do módulo PEAT/DCF (Imagem 3.7) consistente do COSO, que requer uma análise do investimento de capital em relação aos retornos dentro de um portfólio diversificado (otimizado).

- A Figura 3.26 mostra os resultados simulados do módulo PEAT/ERM e /DCF, onde o Valor de Risco, percentis e probabilidades e estatísticas podem ser obtidos, de acordo com a Imagem COSO (Imagem 5.5), que requer uma gama de resultados baseados em suposições de distribuição e Imagem 5.2 do COSO-ERM *Integrated Framework*, que requer resultados históricos ou simulados de comportamentos futuros, sob modelos probabilísticos.

- A Figura 3.27 mostra a conformidade com o COSO (Imagem 3.1) que requer o uso de modelagem de cenários e testes de estresse.

- A Figura 3.28 mostra o módulo /CMOL do PEAT onde são realizadas análises de cenário, testes de estresse e análises de lacunas, de acordo com o COSO (Imagem 5.10), para complementar modelos probabilísticos.

- A Figura 3.29 mostra o cumprimento do COSO (Figuras 5.8 e 5.9), que exigem modelagem de distribuições operacionais e perdas de crédito com testes de *back-test* ou simulações históricas, análise de sensibilidade e cálculos de Valor em Risco.

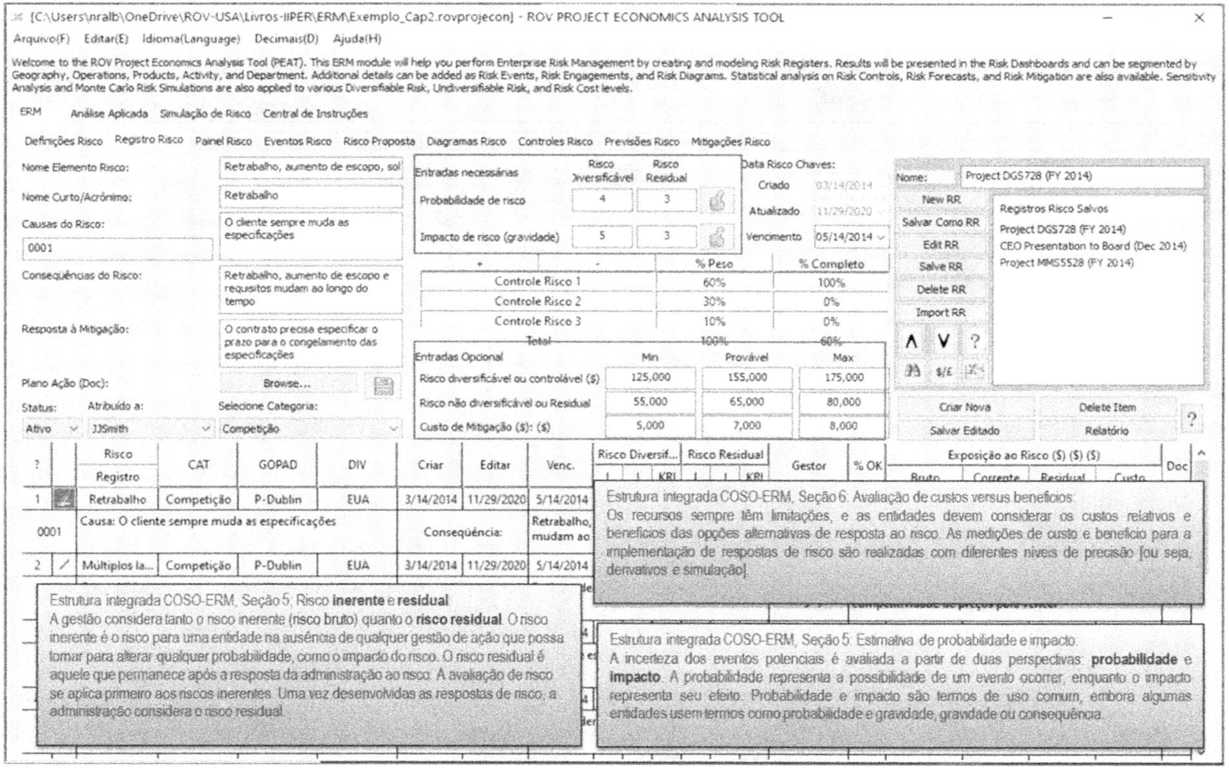

Figura 3.21: Estrutura Integrada de PEAT ERM e COSO

[C:\Users\nralb\OneDrive\ROV-USA\Livros-IIPER\ERM\Exemplo_Cap2.rovprojecon] - ROV PROJECT ECONOMICS ANALYSIS TOOL

Arquivo(F) Editar(E) Idioma(Language) Decimais(D) Ajuda(H)

Welcome to the ROV Project Economics Analysis Tool (PEAT). This ERM module will help you perform Enterprise Risk Management by creating and modeling Risk Registers. Results will be presented in the Risk Dashboards and can be segmented by Geography, Operations, Products, Activity, and Department. Additional details can be added as Risk Events, Risk Engagements, and Risk Diagrams. Statistical analysis on Risk Controls, Risk Forecasts, and Risk Mitigation are also available. Sensitivity Analysis and Monte Carlo Risk Simulations are also applied to various Diversifiable Risk, Undiversifiable Risk, and Risk Cost levels.

ERM   Análise Aplicada   Simulação de Risco   Central de Instruções

Definições Risco Registro Risco Painel Risco Eventos Risco Risco Proposta Diagramas Risco Previsões Risco Controles Risco Mitigações Risco

Selecione as Categorias Risco e, em seguida, clique em cada uma das sub-secções abaixo para visualizar diferentes painéis.

Ver por: ● Mostrar tudo   ○ Categoria Risco: ○ G.O.P.A.D.:   ○ Divisão:
Com   ☑ Project DGS728 (FY 2014): Risco diversificável ou   Selecione Categoria...   Selecione G.O.P.AD...   Selecione Divisão...
☑ Mostrar apenas Riscos Ativos   ☑ Ignore Duplicados   ○ Manager: Select Manager...

Elementos Risco Mapa Risco Grupos Risco Exposição Risco Taxonomia Risco Inventário Risco Probabilidade Risco

KRI (contagem): Mapa Térmico

Seleciona datas:
● Mostrar tudo   ○ Período:
○ Personal.: 11/30/2020   to 11/30/2020

Per Data Criação:
Ano Corrente

Report

COSO – Aplicações Técnicas, Anexo 5.13: **Mapas de Risco**. Um mapa de risco é uma representação gráfica da **probabilidade** e **impacto** de um ou mais riscos. Mapas de risco podem assumir a forma de mapas de calor ou gráficos de processo que traçam estimativas quantitativas ou qualitativas da probabilidade e impacto do risco.

0 Baixo Risco
3 Risco Moderado
3 Risco Significativo
2 Risco Muito Alto
2 Risco Crítico

Impacto de risco (gravidade)

Extremamente Alto
Significativament...
Muito Alto
Alto
Acima da Média
Média
Abaixo da Média
Baixo
Muito Baixo
Não Existe

10% 20% 30% 40% 50% 60% 70% 80% 90% 95%

Probabilidade de risco (frequência)

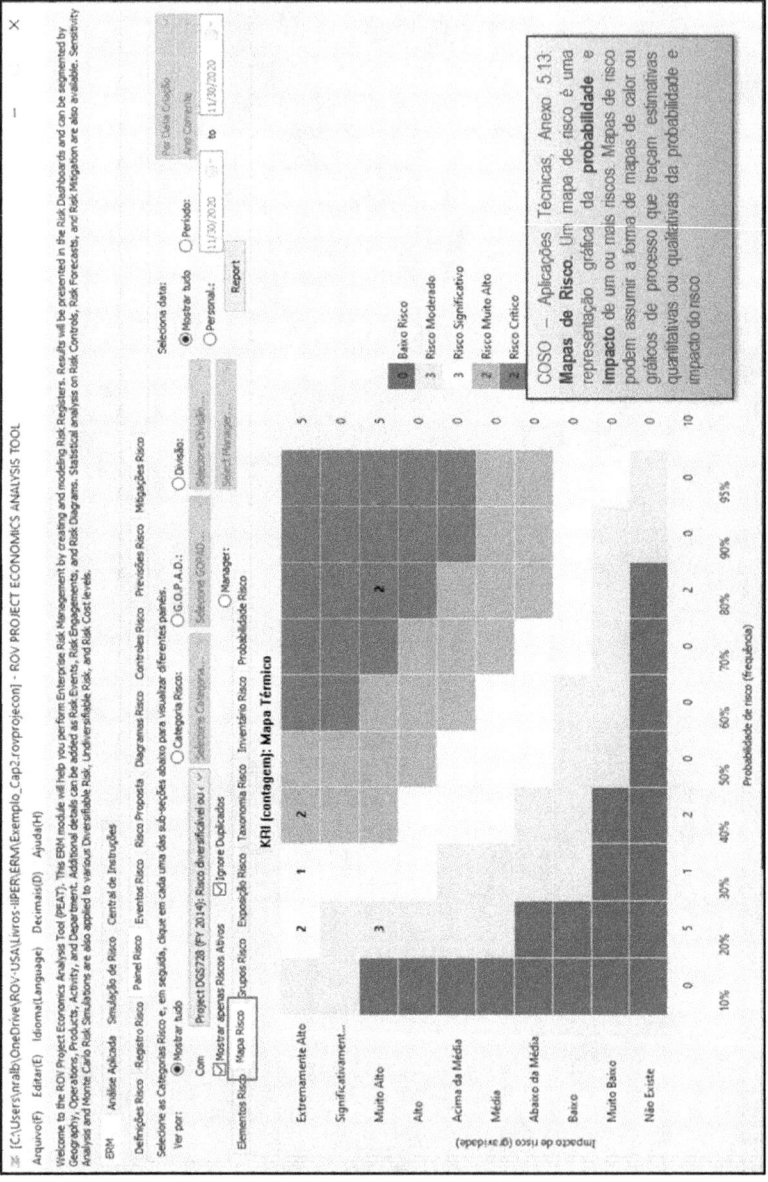

Figura 3.22: Mapa Térmico PEAT/ERM e Matriz de Risco

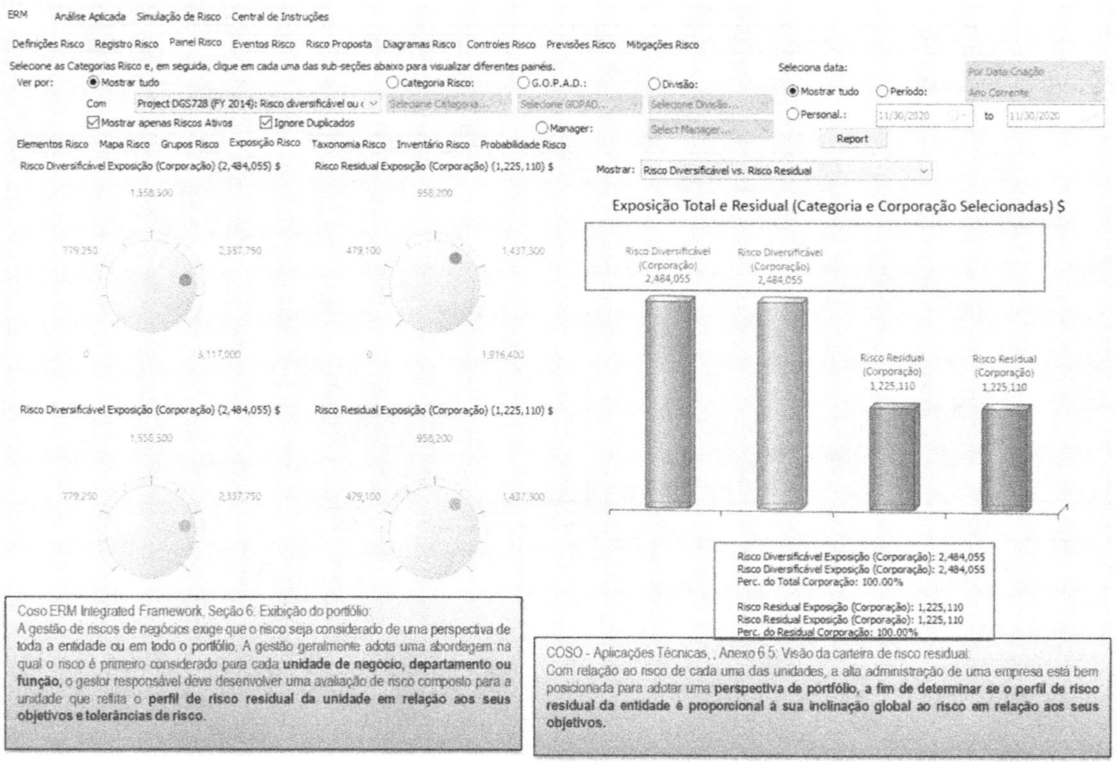

Definições Risco   Registro Risco   Painel Risco   Eventos Risco   Risco Proposta   Diagramas Risco   Controles Risco   Previsões Risco   Mitigações Risco

Selecione as Categorias Risco e, em seguida, clique em cada uma das sub-seções abaixo para visualizar diferentes painéis.

Ver por: ◉ Mostrar tudo   ○ Categoria Risco: ○ G.O.P.A.D.:   Selecione data:

Com   Project 06S728 (FY 2014): Risco diversificável ou ⌄   Selecione Categoria   Selecione G.O.P.AD...   ◉ Mostrar tudo   ○ Divisão:

☑ Mostrar apenas Riscos Ativos   ☑ Ignore Duplicados   ○ Pessoal: Selecione Divisão...

Elementos Risco   Mapa Risco   Grupos Risco   Exposição Risco   Taxonomia Risco   Inventário Risco   Probabilidade Risco   ○ Manager: Select Manager...

Risco Diversificável Exposição (Corporação) (2,484,055) $ Risco Residual Exposição (Corporação) (1,225,110) $

Mostrar: Risco Diversificável vs. Risco Residual   ⌄

Exposição Total e Residual (Categoria e Corporação Selecionadas) $

Risco Diversificável (Corporação) 2,484,055
Risco Diversificável (Corporação) 2,484,055
Risco Residual (Corporação) 1,225,110
Risco Residual (Corporação) 1,225,110

Risco Diversificável Exposição (Corporação): 2,484,055
Risco Diversificável Exposição (Corporação): 2,484,055
Perc. do Total Corporação: 100.00%

Risco Residual Exposição (Corporação): 1,225,110
Risco Residual Exposição (Corporação): 1,225,110
Perc. do Residual Corporação: 100.00%

COSO - Aplicações Técnicas, , Anexo 6.5: Visão da carteira de risco residual
Com relação ao risco de cada uma das unidades, a alta administração de uma empresa está bem posicionada para adotar uma perspectiva de portfólio, a fim de determinar se o perfil de risco residual da entidade é proporcional a sua inclinação global ao risco em relação aos seus objetivos.

Coso ERM Integrated Framework. Seção 6. Exibição do portfólio
A gestão de riscos de negócios exige que o risco seja considerado de uma perspectiva de toda a entidade ou em todo o portfólio. A gestão geralmente adota uma abordagem na qual o risco é primeiro considerado para cada unidade de negócio, departamento ou função, o gestor responsável deve desenvolver uma avaliação de risco composto para a unidade que reflita o perfil de risco residual da unidade em relação aos seus objetivos e tolerâncias de risco.

Risco Diversificável Exposição (Corporação) (2,484,055) $ Risco Residual Exposição (Corporação) (1,225,110) $

Para Data Criação   Ano Corrente   to   11/30/2020
○ Período: 11/30/2020

Report

Figura 3.23: PEAT/ERM - Visão do Portfólio Corporativo sobre Risco Bruto e Residual

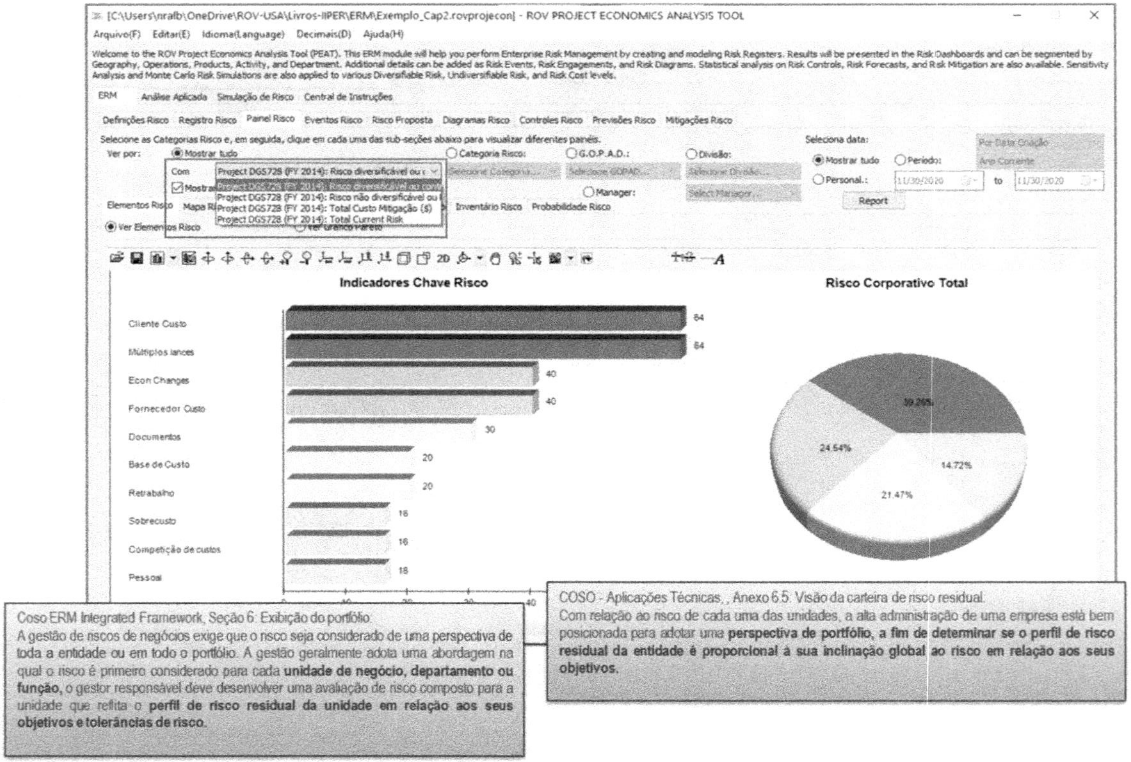

Figura 3.24: Visão do Departamento PEAT/ERM, Unidade de Negócios, Função e Portfólio

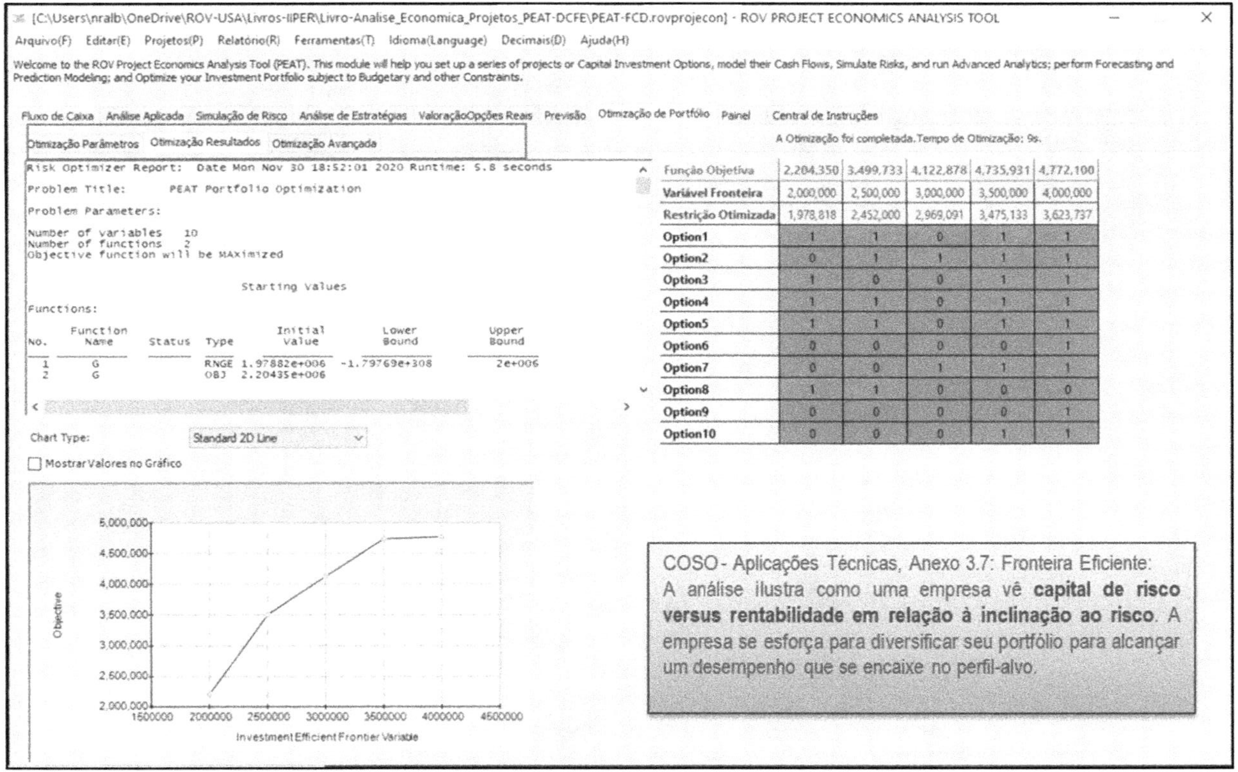

Figura 3.25: Portfólio PEAT/DCF e Módulo de Otimização de Fronteiras Eficiente

COSO - Aplicações Técnicas, Anexo 3.7: Fronteira Eficiente. A análise ilustra como uma empresa vê **capital de risco** **versus rentabilidade em relação à inclinação ao risco**. A empresa se esforça para diversificar seu portfólio para alcançar um desempenho que se encaixe no perfil-alvo.

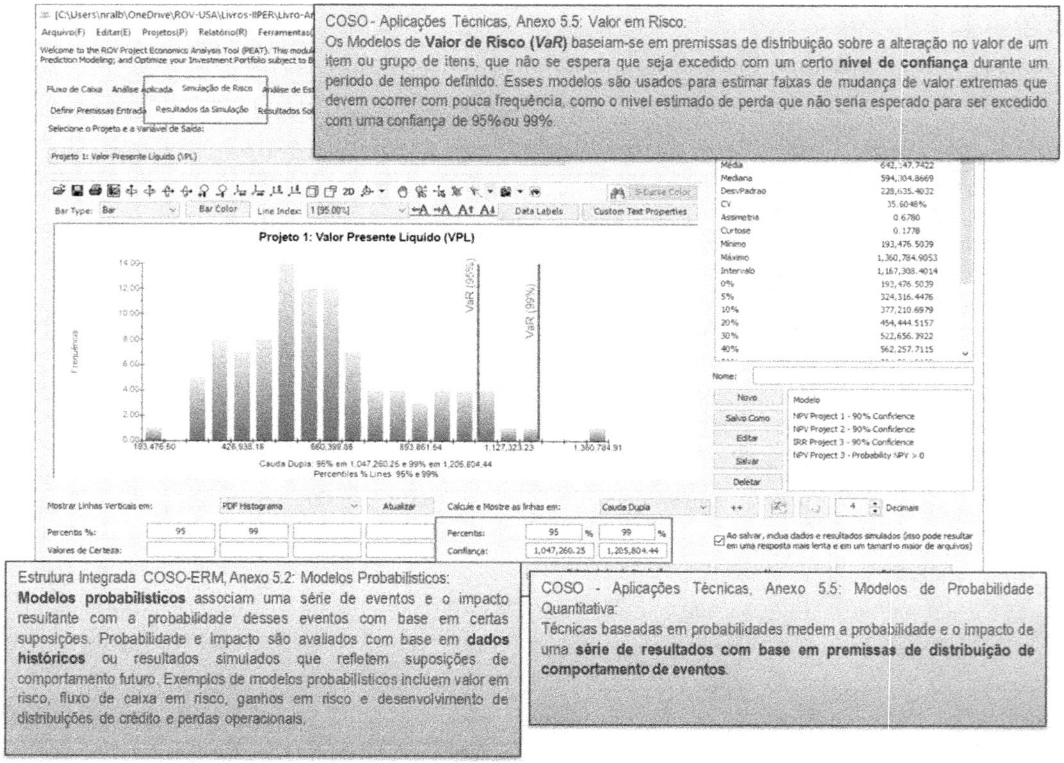
COSO - Aplicações Técnicas, Anexo 5.5: Valor em Risco:
Os Modelos de **Valor de Risco (*VaR*)** baseiam-se em premissas de distribuição sobre a alteração no valor de um item ou grupo de itens, que não se espera que seja excedido com um certo **nível de confiança** durante um período de tempo definido. Esses modelos são usados para estimar faixas de mudança de valor extremas que devem ocorrer com pouca frequência, como o nível estimado de perda que não seria esperado para ser excedido com uma confiança de 95% ou 99%.
Projeto 1: Valor Presente Líquido (VPL)
VaR (95%)
VaR (99%)
Cauda Dupla: 95% em 1,047,260.26 e 99% em 1,205,804.44
Estrutura Integrada COSO-ERM, Anexo 5.2: Modelos Probabilísticos:
Modelos probabilísticos associam uma série de eventos e o impacto resultante com a probabilidade desses eventos com base em certas suposições. Probabilidade e impacto são avaliados com base em **dados históricos** ou resultados simulados que refletem suposições de comportamento futuro. Exemplos de modelos probabilísticos incluem valor em risco, fluxo de caixa em risco, ganhos em risco e desenvolvimento de distribuições de crédito e perdas operacionais.
COSO - Aplicações Técnicas, Anexo 5.5: Modelos de Probabilidade Quantitativa:
Técnicas baseadas em probabilidades medem a probabilidade e o impacto de uma **série de resultados com base em premissas de distribuição de comportamento de eventos**.

Figura 3.26: Módulo de Simulação de Risco e Valor em Risco do PEAT/ERM e /DCF

Arquivo(F) Editar(E) Projetos(P) Relatorio(R) Ferramentas(T) Idioma(Language) Decimais(D) Ajuda(H)

Welcome to the ROV Project Economics Analysis Tool (PEAT). This module will help you set up a series of projects or Capital Investment Options, model their Cash Flows, Simulate Risks, and run Advanced Analytics: perform Forecasting and Prediction Modeling; and Optimize your Investment Portfolio subject to Budgetary and other Constraints.

Fluxo de Caixa Análise Aplicada Simulação de Risco Análise de Estratégias Valoração/Opções Reais Previsão Otimização de Portfólio Painel Central de Instruções

Tronado Estático Análise de Cenários

1. Parâmetros de Entrada Cenário 2. Tabelas de Saída Cenário ("Sweetspots")

Escolha um dos cenários salvos para a executar o cenário. No caso de fazer quaisquer alterações nas entradas ou configurações, lembre-se de clicar em Atualizar para atualizar manualmente a tabela do cenário.

Selecione em Cenários Salvos para Calcular:

Mostrar Resultados com [0] decimais

A variável Linha (abaixo) é   Revenue vs Discount Rate

A tabela de cenários é para: Receitas | Receita de Vendas - Vendas Globais   Projeto 1: Valor Presente Líquido (VPL)

e a variável Coluna (Corte) é   DCF | Taxa de Desconto (%)   Atualizar

NOTA:

	10.00%	11.50%	13.00%	14.50%	16.00%	17.50%	19.00%	20.50%	22.00%	23.50%	25.00%	26.50%	28.00%	29.50%	31.00%	32.50%	34.00%	35.00%
5,780.779	533,634	451,496	368,002	299,815	241,434	192,912	151,654	116,277	85,704	59,099	35,762	15,188						
5,810.888	560,478	457,524	373,399	303,813	245,764	196,844	155,246	119,576	88,748	61,909	38,386	17,637						
5,840.996	567,323	462,552	378,715	308,612	250,093	200,776	158,838	122,875	91,791	64,730	41,009	20,086	1,523.7					
5,871.104	574,167	469,980	384,072	313,410	254,423	204,708	162,430	126,173	94,835	67,550	43,633	22,536	3,817.2					
5,901.212	581,011	475,608	389,429	318,209	258,753	208,640	166,022	129,472	97,879	70,370	46,296	24,985	6,110.6					
5,931.321	587,856	481,637	394,785	323,007	263,082	212,572	169,614	132,770	100,922	73,191	48,880	27,434	8,404.0					
5,961.429	594,700	487,665	400,142	327,806	267,412	216,504	173,206	136,069	103,966	76,011	51,503	29,883	10,697					
5,991.537	601,544	493,693	405,498	332,604	271,741	220,436	176,798	139,368	107,009	78,831	54,127	32,332	12,991					
6,021.645	608,389	498,721	410,855	337,402	276,071	224,368	180,390	142,666	110,053	81,652	56,751	34,781	15,284					
6,051.754	615,233	505,749	416,212	342,201	280,401	228,301	184,982	145,965	113,097	84,472	59,374	37,230	17,578	43.51				
6,081.862	622,077	511,777	421,568	346,999	284,730	232,233	187,574	149,264	116,140	87,290	61,998	39,679	19,871	2,197.4				
6,111.970	628,922	517,805	426,925	351,798	289,060	236,165	191,166	152,562	119,184	90,113	64,621	42,128	22,165	4,351.4				
6,142.078	635,766	523,833	432,282	356,596	293,389	240,097	194,758	155,861	122,228	92,933	67,245	44,577	24,458	6,505.3				
6,172.186	642,610	529,861	437,638	361,395	297,719	244,029	198,350	159,160	125,271	95,753	69,868	47,026	26,751	8,659.2				
6,202.295	649,455	535,889	442,995	366,193	302,049	247,961	201,942	162,458	128,315	98,574	72,492	49,475	29,045	10,813				
6,232.403	656,299	541,917	448,352	370,991	306,378	251,893	205,534	165,757	131,358	101,394	75,115	51,924	31,338	12,967				

COSO - Aplicações Técnicas, Anexo 3.1: Cenários, Testes de Estresse, Modelagem.

Utilizando análise de cenário, modelagem e teste de estresse, a administração comparou os resultados de cada opção em relação ao impacto de desempenho do capital utilizado. A administração identificou a distribuição de resultados potenciais de desempenho.

Figura 3.27: PEAT/ERM e /DCF do Módulo de Análise de Cenário e Regiões do Mapa Térmico

Risco de Crédito (ERC)   Risco de Mercado   **Gerenciamento do Ativo Passivo**   Modelos Analíticos   Risco Operacional   Painel KRI

Risco Taxa de Juros   **Risco Liquidez**

Premissas   Análise de Cenário   Teste de Estresse   Análise de Gap   Gráficos

Selecione o conjunto de dados para análise:

Sample Dataset

◉ Entrar cenários utilizando % mudança
○ Entrar cenários utilizando valores atuais

ATIVOS	Mês 1	Mês 2	Mês 3	Mês 4	Mês 5	Mês 6	Mês 7	Mês 8	Mês 9	Mês 10	Mês 11	Mês 12
Mês												
EMPRESTIMOS												
Available	21.95%	2.13%	13.32%	23.54%	-2.51%	-22.69%	13.12%	-10.69%	0.72%	2.00%	-6.20%	6.96%
Individual Firm Notes	-8.26%	-2.88%	-0.95%	0.38%	4.32%	2.87%	1.44%	1.99%	-0.95%	4.75%	-1.76%	-1.72%
Discounted Notes	-8.26%	-2.88%	-0.95%	0.38%	4.32%	2.87%	1.44%	1.99%	-0.95%	4.75%	-1.76%	-1.72%
Mortgages	0.39%	0.47%	0.05%	-0.23%	-0.22%	-0.41%	-0.52%	-0.82%	-1.01%	-0.97%	-0.80%	-0.83%
Pledges	-0.05%	2.52%	-1.79%	-1.82%	-3.76%	-3.17%	-4.79%	-3.62%	-3.47%	-3.51%	-4.03%	-3.43%
Cards	7.92%	0.27%	7.46%	-4.09%	10.82%	3.96%	9.76%	-2.48%	-0.16%	1.20%	17.39%	0.69%
Personal	4.19%	2.91%	-1.19%	-0.56%	-0.45%	-1.09%	-1.26%	-0.89%	-0.31%	1.54%	2.26%	1.15%
Others	-9.49%	0.10%	6.83%	-1.57%	1.86%	0.42%	0.83%	2.53%	-3.10%	6.06%	-4.32%	0.82%

Adicionar Cenários

Scenario 1

Listar Cenários Salvos:

Cenário
Scenario 1
Scenario 2

Salvar Como

OBRIGAÇÕES	Mês 1	Mês 2	Mês 3	Mês 4	Mês 5	Mês 6	Mês 7	Mês 8	Mês 9	Mês 10	Mês 11	Mês 12
Mês												
DEPOSITOS REGULARES												
Public Sector	41.75%	-19.84%	-1.39%	10.22%	-7.67%	8.14%	-12.88%	7.85%	-2.84%	-10.50%	0.49%	15.82%
Private Sector	17.24%	-8.16%	-0.32%	3.79%	-4.86%	3.87%	-1.05%	3.97%	-2.46%	-6.64%	1.63%	7.83%

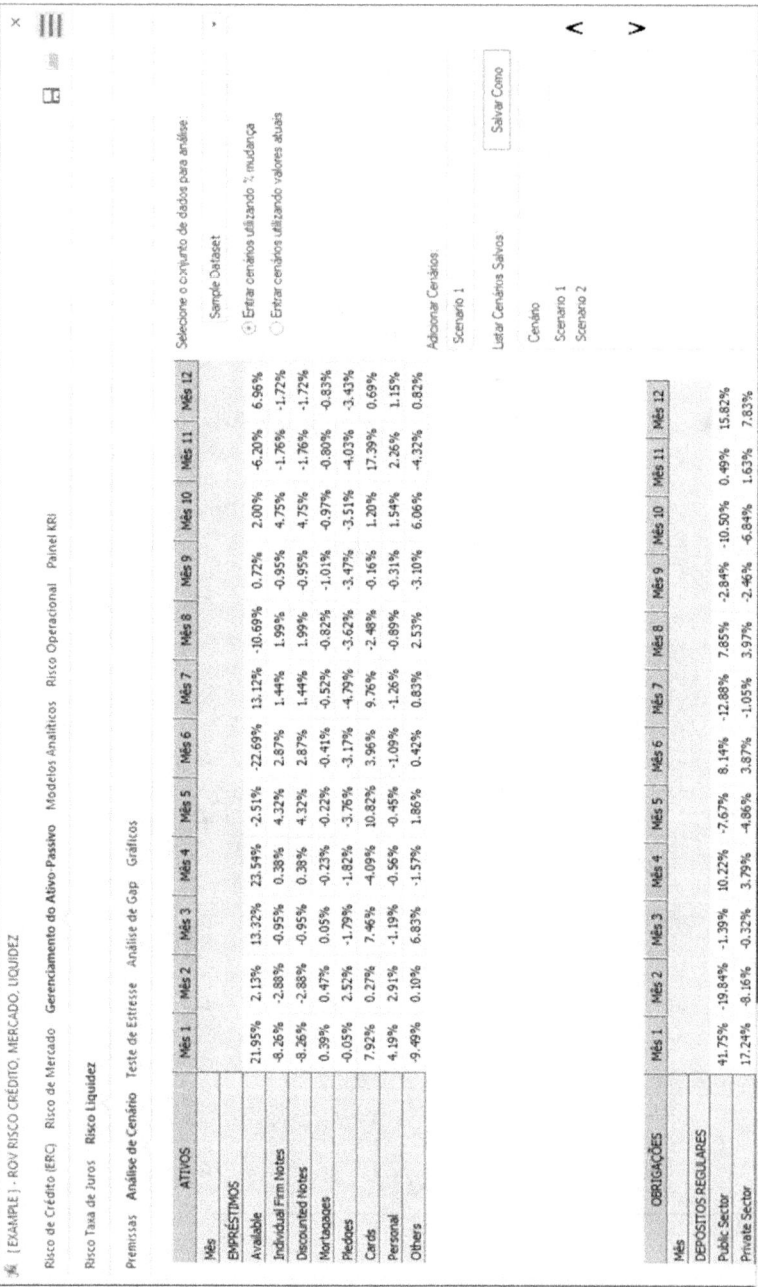

Figura 3.28: Módulo CMOL para Análise de Cenários e Testes de Estresse

Risco de Crédito (ERC)   Risco de Mercado   Gerenciamento do Ativo-Passivo   Modelos Analíticos   Risco Operacional   Painel KRI

Dados de Mercado   Valor em Risco   VaR Banco Central   Visual dos Resultados

Valor em Risco Bruto (VaR)

Horizonte	VaR 99.00%	VaR 95.00%
1 Dia	2,679,921	1,894,849
5 Dia	5,992,486	4,237,012
10 Dia	8,474,655	5,992,040

Histórico Simulação Interna Valor em Risco (VaR) 99.00%

Valores Total	Apenas Cupons	Apenas Moeda	Shares Only
1,784,836	1,817,804	55,871	0
3,991,015	4,064,733	124,932	0
5,644,147	5,748,400	176,681	0

Histórico Simulação Interna Valor em Risco (VaR) 95.00%

Valores Total	Apenas Cupons	Apenas Moeda	Shares Only
1,352,838	1,348,769	38,157	0
3,025,037	3,015,939	85,323	0
4,278,049	4,265,182	120,665	0

Posição do Ativo e Detalhes

Ativo	Volatilidade Diária	Posição Atual	Peso Atual	99.00% VaR 1 Dia	99.00% VaR 5 Dia	99.00% VaR 10 Dia	95.00% VaR 1 Dia	95.00% VaR 5 Dia	95.00% VaR 10 Dia
Asset 1	1.06%	26,073,072	30.65%	643,403	1,438,693	2,034,620	454,921	1,017,234	1,438,586
Asset 2	2.61%	3,187,500	3.75%	193,273	432,173	611,184	136,655	305,569	432,140
Asset 3	1.50%	28,710,170	33.75%	999,427	2,234,787	3,160,466	706,649	1,580,115	2,234,620
Asset 4	1.78%	15,720,097	18.48%	652,132	1,458,212	2,062,223	461,093	1,031,035	1,458,103
Asset 5	1.26%	0	0.00%	0	0	0	0	0	0
Asset 6	1.29%	0	0.00%	0	0	0	0	0	0
Asset 7	1.03%	0	0.00%	0	0	0	0	0	0
Asset 8	1.15%	0	0.00%	0	0	0	0	0	0
Asset 9	1.39%	0	0.00%	0	0	0	0	0	0
Dólar	0.68%	3,456,494	4.06%	54,809	122,557	173,322	38,753	86,654	122,548
Euro	0.74%	7,908,463	9.30%	136,876	306,065	432,841	96,779	216,404	306,042

Figura 3.29: Módulo CMOL de Simulações de Valor de Risco Histórico e Back-Testing

AVALIAÇÃO DINÂMICA DA GESTÃO DE RISCOS EMPRESARIAIS NA ELETROBRAS FURNAS NO BRASIL

Este estudo de caso foi escrito pelos Dr. *Nelson Albuquerque* e Dr. *Johnathan Mun*, em colaboração com a Eletrobras Furnas S.A., que nos permitiu ter acesso a esse projeto de gestão de riscos empresariais e seus funcionários, *Welington Cristiano Lima, José Roberto Teixeira Nunes*. Gostaríamos também de fazer um reconhecimento pela revisão minuciosa realizada pelo professor *Pedro Bello*, também da Eletrobrás Furnas. Pretendemos descrever a metodologia aplicada para automatizar a Gestão de Riscos de Negócios (ERM) na Eletrobrás Furnas, maior concessionária de energia elétrica do Brasil. A abordagem ERM utiliza o módulo ERM do software PEAT da Real Options Valuation, Inc. e adaptação do modelo de Matriz de Risco atualmente empregado pelo grupo Eletrobras, ao conceito de valor de risco esperado, indo um pouco além da avaliação de risco qualitativo para uma gestão de risco mais quantitativa.

O módulo PEAT/ERM foi construído de acordo com o conceito de Risco Esperado -que utiliza o conceito de quantificação probabilística de risco- permitindo planos e estratégias para mitigação de riscos, avaliação estatística, uso de opções reais estratégicas e análises alternativas, bem como otimização de portfólio em vários projetos.

Para começar, o ERM requer uma entrada bidimensional de Probabilidade (L) ou Frequência de ocorrência de um evento de risco e Impacto (I) ou Gravidade, em termos de efeitos financeiros, econômicos e não econômicos de risco. Esses conceitos L e I são padronizados no setor e usados até mesmo em ambientes regulatórios como os Acordos de Basileia III e Basileia IV (iniciados pelo Banco para Assentamentos Internacionais na Suíça e aceitos pela maioria dos bancos centrais em todo o mundo como padrões de relatórios regulatórios para riscos operacionais).

No entanto, a Eletrobrás Furnas é uma empresa de serviços públicos e não está sujeita às rigorosas regulamentações bancárias e financeiras; portanto, em vez da escala de possibilidades de Probabilidade ou Frequência, a Eletrobras Furnas utiliza o conceito de Vulnerabilidade (V). Consequentemente, a matriz de risco característica de ERM é ligeiramente modificada como mostrado na Figura 4.1.

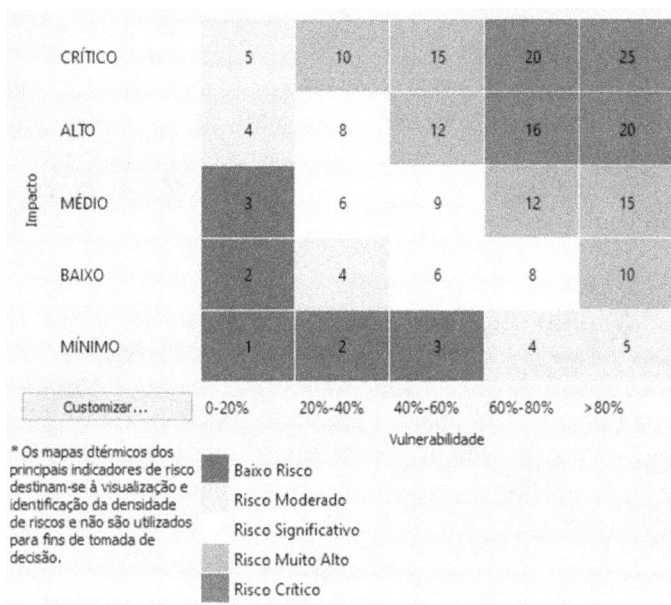

Figura 4.1: Matriz de Risco Modificado Eletrobrás

Usar probabilidade ou vulnerabilidade produz resultados semelhantes e saber qual usar depende inteiramente da sua organização. No entanto, observamos diversas vantagens de utilizar o conceito de Vulnerabilidade, especialmente porque facilita a atividade de auditoria existente no grupo da Eletrobrás, já que o grau de métricas de vulnerabilidade dentro da empresa já vem associado à avaliação de controles facilmente auditáveis e está em uso há vários anos.

Este estudo de caso explora como o módulo PEAT ERM foi personalizado e aplicado na Eletrobrás. Isso permitiu que seus gestores não apenas documentassem os maiores fatores de risco, mas iam além da análise de risco e realizassem uma análise de sensibilidade, uma simulação de risco Monte Carlo e aplicassem análise quantitativa. Também foi realizada uma avaliação da dinâmica de seus riscos no negócio, controles de risco e gestão geral de riscos na empresa.

Para efeitos deste estudo, adaptaremos e usaremos o conceito de Vulnerabilidade, associado a elementos relacionados às normas e diretrizes de controle interno já estabelecidas no Brasil e internacionalmente (p.ex., ISO-31000, COSO, COBIT e SOX ou na Lei Sarbanes-Oxley). O objetivo desta personalização é poder qualificar e quantificar o grau de implementação em cada um dos Elementos de Risco (RE) anexados aos programas específicos em toda a empresa Eletrobrás.

Incerteza, Risco e Vulnerabilidade

Na avaliação do risco empresarial do ambiente de risco quantitativo, o conceito de *incerteza* está associado à probabilidade (L) de um evento que ocorra no futuro. Incertezas de eventos repetitivos observadas pela natureza durante um longo período de tempo podem às vezes se tornar previsíveis, mas geralmente não com certeza absoluta. Tais observâncias podem estar associadas a funções matemáticas que refletem as propriedades estatísticas de algo que provavelmente acontecerá no futuro.

O risco de ocorrência de um evento está ligado a dois parâmetros: O *Impacto* (I) causado por um evento incerto e a probabilidade de que um evento ocorra ou sua *Probabilidade* (L). Dada alguma probabilidade conhecida de ocorrência de um evento de risco, quanto maior o impacto, maior o risco. Se o impacto for zero, o risco será zero, mesmo que o evento tenha uma alta probabilidade de ocorrer. O argumento inverso também é verdadeiro. Se a probabilidade de ocorrência de um evento de risco é igual a zero, o risco é zero (este é um ambiente de pura certeza), independentemente da magnitude do impacto.

Em outras palavras, a incerteza é medida em termos de probabilidade de ocorrência, e a menos que haja algum impacto financeiro ou não financeiro, mas observável, não há risco, apenas incerteza.

Dentro do escopo do grupo Eletrobrás, o conceito de *Vulnerabilidade* (V) está associado ao risco de um evento. Em outras palavras, a *Vulnerabilidade* (V) está associada à suscetibilidade de uma organização às consequências de um evento de risco. O risco é reduzido pela mitigação, seja pela redução da probabilidade de ocorrência de um evento (p.ex., em vez de deixar o carro estacionado à noite em uma rua deserta, deve estacioná-lo em uma garagem que tem câmeras de vigilância) ou reduzindo seu Impacto (p.ex., comprando seguro de roubo de carro para proteger seu capital).

A mitigação de riscos pode ser dimensionada de acordo com o valor previsível do risco. Por exemplo, digamos que temos um evento de risco específico onde seu impacto financeiro máximo é avaliado em US\$100, com uma chance de 10% de que ocorra. Agora, suponha que haja um valor mínimo ou residual de US\$5 com uma probabilidade de 90%, o que implica que há um valor esperado de US\$14,5. Portanto, medidas de mitigação podem ser projetadas para tentar neutralizar essa exposição. Claramente, há duas maneiras de reduzir o risco: reduzir o impacto ou reduzir a probabilidade.

Reduzir o impacto significa tomar medidas preventivas (p.exe., assinar acordos contratuais para reduzir responsabilidades legais) e reduzir a probabilidade significa mudar processos e comportamentos organizacionais (p.ex., mudar processos que têm alta probabilidade de desastre). No entanto, independentemente das medidas tomadas para reduzir a probabilidade ou o impacto, se ainda existir a possibilidade de um evento de risco, o risco deve ser avaliado em dois níveis: risco mitigado e risco residual. As medidas de mitigação são projetadas para reduzir o primeiro nível de risco ao seu risco residual, sempre que possível.

Mecanismo proposto para indicadores de risco dinâmico

Regras ou diretrizes institucionais que abordam os riscos dos negócios apenas do ponto de vista qualitativo não indicam um método para avaliar essa exposição quantitativamente. Na análise qualitativa tradicional, o grau de risco de uma empresa é uma fotografia em um determinado tempo. As medidas de mitigação são avaliadas posteriormente, muitas vezes a partir de auditorias para verificar o grau de conformidade com fotografias anteriores. O esforço para implementar essas medidas de mitigação é tipicamente e não avaliado dinamicamente, e seus resultados também não são comparados com o esperado dentro da gama de riscos em relação ao custo de mitigação.

O módulo PEAT/ERM visa não apenas documentar a vulnerabilidade de uma empresa a eventos que podem levar a perdas de risco, sejam econômicas ou não econômicas, mas também quantificar e medir incertezas de risco e custos de mitigação. Tudo isso é feito dinamicamente, onde através do qual a empresa pode fazer ajustes periódicos para atingir suas metas objetivas, a fim de reduzir a exposição e ir além da avaliação qualitativa para análise quantitativa de risco.

O PEAT/ERM permite avaliações dinâmicas e mede o grau de vulnerabilidade da empresa ao longo do tempo utilizando o parâmetro "% de mitigação de risco atualmente concluído" para cada controle de risco e seus respetivos pesos na janela registro de risco (ver Figura 4.5). Assume a função do parâmetro de medição de vulnerabilidade quando aplicado na Eletrobrás. Esse parâmetro percentual é interpretado como "% de Mitigação Concluída - Vulnerabilidade de 100%", indicando uma redução na exposição ao risco porque a empresa implementou medidas para reduzir sua exposição a riscos identificados.

Este parâmetro varia de 0% Concluído (p.ex., 100% Vulnerável, indica que a empresa está exposta ao Valor de Risco Total), até 100% concluída, indicando uma medida de 0% de Vulnerabilidade, onde o risco é reduzido à exposição ao seu nível mínimo, também conhecido como Risco de Valor Residual.

Conta de Risco Corporativo

Todos os Principais Indicadores de Risco (KRI) fornecem uma visão geral do risco financeiro a que a empresa está sujeita. A Figura 4.2 mostra um exemplo de exposição ao risco residual no PEAT ERM. No exemplo a seguir, apresentamos a exposição de risco do departamento financeiro devido ao Elemento de Risco sobrecusto. No exemplo, o Valor bruto de Risco é de US$1.000.000 e seu Valor Residual é de US$500.000. O Risco Corporativo, composto por todos os fatores de risco da empresa, é de US$1.480.000.

Neste exemplo, os valores de sobrecusto *KRI* são medidos como $(L - 4) \times I$ ou $V - 4) = (KRI = 16)$ e podem ser vistos na Matriz de Risco. Neste caso, é classificado como um Risco Moderado, e um fator de redução de 50% reduziria a exposição ao risco a US$750.000 ou um KRI de 12.

O modelo dinâmico de medição da exposição ao risco corporativo tem uma representação gráfica vista na Figura 4.3.

Neste caso, a empresa pode avaliar sua exposição ao risco dinamicamente, implementando a mitigação de Fatores de Risco, que podem estar sujeitos a padrões e controles internacionais (p.ex., SOX, COBIT). Portanto, a Vulnerabilidade utilizada pela Eletrobrás está associada ao cumprimento dos controles. Isso pode ser representado dinamicamente na Figura 4.4.

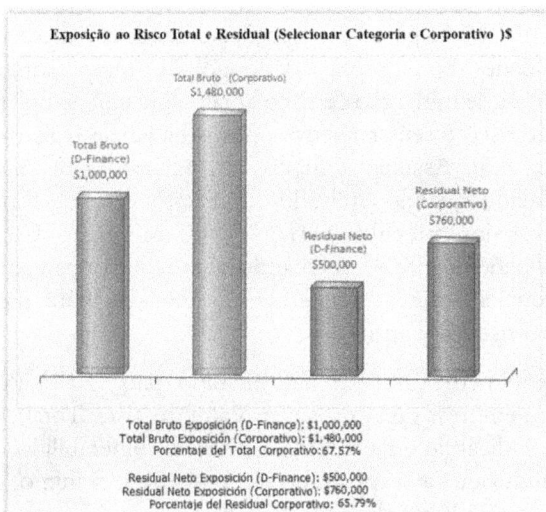

Figura 4.2: Impacto financeiro da KRI

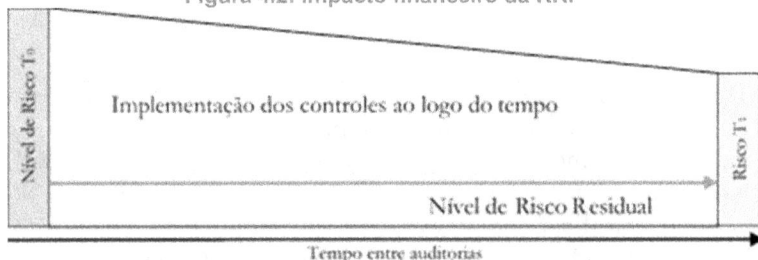

Figura 4.3: Modelo Dinâmico de Medição da Exposição ao Risco

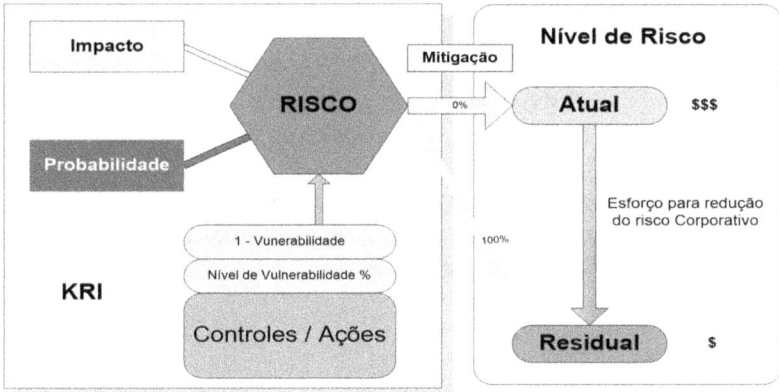

Figura 4.4: Mitigação Dinâmica de Fatores de Risco

Por meio de uma auditoria, seja externa ou interna, a empresa pode mostrar a evolução das medidas tomadas para mitigar riscos e reduzir sua exposição financeira.

Avaliação Dinâmica de Vulnerabilidade: uma Ilustração

O Fator de Vulnerabilidade (V) está associado a um conjunto de controles $Cr_{i,j}$, baseado em normas internacionais ou regras internas que devem ser cumpridas para reduzir os Elementos de Risco ER_j um nível de risco residual. Cada controle $Cr_{i,j}$ por ER_j selecionado deve estar associado a um peso $w_{i,j}$ igual a um (1), dois (2) ou quatro (4), dependendo do grau de importância ligado a ele. O uso de pesos nos permite distinguir entre controles mais difíceis de implementar ou aqueles que teriam um impacto muito maior na mitigação de riscos. Sugerimos classificar os controles pelo grau de impacto: os controles de menor impacto devem ser classificados com um peso idêntico ao da unidade; o impacto médio com um peso igual a dois (2); e, finalmente, se houver, o alto impacto com um peso de quatro (4), proporcionando uma sensação de crescimento geométrico. Após a auditoria, os controles podem ter diferentes graus de conformidade $ºC_{i,j}$, ou seja, implementados (0%), parcialmente implementados (50%) e não implementados (100%). O fator de Vulnerabilidade $fV_{i,j}$ do ER_j auditado é calculado utilizando a seguinte fórmula:

$$fV_j = \frac{\sum_{i=1}^{n} Cr_{i,j} * w_{i,j} * ºC_{i,j}}{\sum w_j}$$

A Figura 4.5 ilustra um cálculo manual de várias amostras de Elementos de Risco e seus respectivos Controles de Risco, Pesos, % Fator de Vulnerabilidade e Vulnerabilidade *(% fV)* calculado e O grau de Mitigação *(% M)*. Ele também captura uma captura de tela da guia PEAT/ERM:*Registro de Risco* que mostra como essas suposições podem ser inseridas e as seguintes etapas simples necessárias para configurar o Registro de Risco ERM.

Detalhes explicativos

- Um *Registro de Risco* consiste em múltiplos *Elementos de Risco*. PEAT ERM Figura 4.6 mostra três registros de risco amostrais salvos, com o Registro de Risco destacado, sendo ativamente editado (por exemplo, o *projeto DGS728* do *Registro de Risco* está atualmente selecionado).

- Um *Elemento de Risco* significa um risco real ou antecipado. Na tabela, vemos que não há elementos de risco em um único Registro de Risco. O primeiro exemplo do Elemento de Risco é um evento de risco para um incêndio catastrófico em uma das usinas ou instalações. Outro risco são os acidentes de funcionários nas fábricas (Elemento de Risco 2), e assim por diante, terminando com os riscos legais (Elemento de Risco *N)*.

- No primeiro *Elemento de Risco*, "Fogo catastrófico", digamos, para fins ilustrativos, apresenta três problemas relacionados a esse incêndio: destruição e perda de ativos (Ativos), perda de produção e produto final (Produção) e perda de produtividade humana (Produtividade).

ELEMENTO DE RISCO 1 (FOGO CATASTRÓFICO)	CONTROLE 1	CONTROLE 2	CONTROLE 3	FATOR VULNERABILIDADE (%VF)	GRAU DE MITIGAÇÃO (%DM)
PONDERAÇÃO	6	3	1	40%	60%
VULNERABILIDADE %	0%	100%	100%		
ELEMENTO DE RISCO 2 (ACIDENTES DE PLANTA)	Controle 1	Controle 2	Controle 3	Fator Vulnerabilidade (%VF)	Grau de Mitigação (%DM)
PONDERAÇÃO	6	1	3	65%	35%
VULNERABILIDADE %	55%	65%	85%		
…					
ELEMENTO DE RISCO N (PROBLEMAS LEGAIS)	Controle 1	Controle 2	Controle 3	Fator Vulnerabilidade (%VF)	Grau de Mitigação (%DM)
PONDERAÇÃO %	60%	10%	30%	65%	35%
VULNERABILIDADE %	55%	65%	85%		

Figura 4.5: Registros de Risco em PEAT ERM

Arquivo(F) Editar(E) Idioma(Language) Decimais(D) Ajuda(H)

Welcome to the ROV Project Economics Analysis Tool (PEAT). This ERM module will help you perform Enterprise Risk Management by creating and modeling Risk Registers. Results will be presented in the Risk Dashboards and can be segmented by Geography, Operations, Products, Activity, and Department. Additional details can be added as Risk Events, Risk Engagements, and Risk Diagram. Statistical analysis on Risk Controls, Risk Forecasts, and Risk Mitigation are also available. Sensitivity Analysis and Monte Carlo Risk Simulators are also applied to various Diversifiable Risk, Undiversifiable Risk, and Risk Cost levels.

ERM   Análise Aplicada   Simulação de Risco   Central de Instruções

Definições Risco   Registro Risco   Painel Risco   Eventos Risco   Risco Proposta   Diagramas Risco   Controles Risco   Previsões Risco   Mitigações Risco

	Risco		Data Risco Chaves:	
	Diversificável	Residual	Criado	03/14/2014
Probabilidade do risco	4	3	Atualizado	11/30/2020
Impacto do risco (gravidade)	4	3	Vencimento	05/14/2014

	% Peso	% Completo
Controle Risco 1 (Seguro)	25%	30%
Controle Risco 2 (Servidor Externo)	50%	50%
Controle Risco 3 (Escritórios Compart.)	25%	0%
Total	100%	33%

	Min	Provável	Max
Risco diversificável ou controlável ($)	500,000	1,000,000	1,500,000
Risco não diversificável ou Residual	200,000	500,000	1,000,000
Custo de Mitigação ($): ($)	20,000	50,000	75,000

Registro	Risco	CAT	GOPAD	DIV	Criar	Editar	Venc.	Risco Diversif... L KRI L	Risco Residual L KRI L KRI	Gestor	% OK	Bruto	Corrente	Residual	Custo	Doc
1	Retrabalho	Competição	P-Dublin	EUA	3/14/2014	11/29/2020	5/14/2014	4	5	20	3	3	9	JJSmith	60%	155,000	127,000	63,000	7,000	
0001	Causa: O cliente sempre muda as especificações				Consequência:		Retrabalho, aumento de escopo e requisitos mudam ao longo do tempo							Mitigação:	O contrato precisa especificar o prazo para o congelamento das especificações					
2	Múltiplos la...	Competição	P-Dublin	EUA	3/14/2014	11/29/2020	5/14/2014	8	8	64	5	6	30	JCannon	50%	325,000	357,500	195,000	75,000	
0002	Causa: Vários concorrentes estão olhando para isso				Consequência:		Pode perder a licitação / projeto							Mitigação:	A JCannon precisa encontrar diferenciação e competitividade de preços para vencer					
3	Incêndio TI	Incêndio	D-IT	EUA	3/14/2014	11/30/2020	5/14/2014	4	4	16	3	3	9	JJSmith	33%	1,000,000	1,175,000	500,000	50,000	
0003	Causa: Curto circuito e falta de proteção				Consequência:		Perda de arquivos e programas vitais							Mitigação:	criar um sistema redundante fora do ambiente original					
4	Base de Custo	Custo	D-Finance	EUA	3/14/2014	11/29/2020	5/14/2014	4	5	20	3	3	9	RRodgers	0%	350,000	529,000	179,000	35,000	
0004	Causa: Vários concorrentes estão olhando para isso				Consequência:		Pode perder a licitação / projeto							Mitigação:	RRogers precisa encontrar diferenciação de valor e competitividade de preço					

Nome Elemento Risco: Dividindo na sala do servidor
Nome Curto/Acrônimo: Incêndio TI
Causas do Risco: 0003   Curto circuito e falta de proteção
Consequências do Risco: Perda de arquivos e programas vitas
Resposta à Mitigação: criar um sistema redundante fora do ambiente original
Plano Ação (Doc):
Status: Atribuído a: JJSmith   Selecione Categoria: Incêndio   Browse...
Ativo

Nome: Project DGS728 (FY 2014)
Registros Risco Salvos
Project DGS728 (FY 2014)
CEO Presentation to Board (Dec 2014)
Project MNS5528 (FY 2014)

New RR
Salvar Como RR
Edit RR
Salvar RR
Delete RR
Import RR

Criar Nova   Delete Item
Salvar Editado   Relatório

Exposição ao Risco ($) ($) ($)

Figura 4.6: Registro de Risco PEAT ERM

- Cada problema é mitigado com um controle. *Controle 1* atenua perdas em Ativos por meio da compra de seguro contra incêndio; O *Controle 2* mitiga as perdas de produção instalando capacitores e áreas de armazenamento em um local diferente fora do local, que pode armazenar o excesso de produção e lidar com a demanda pelos próximos 90 dias após o incêndio catastrófico; e *Controle 3* mitiga perdas de produtividade ao iniciar uma joint venture com uma empresa parceira para hospedar todos os funcionários em um local de trabalho temporário e, ao mesmo tempo, migrar todos os sistemas de TI para a nuvem. Dessa forma, há uma recuperação instantânea dos dados protegidos para que os funcionários possam voltar ao trabalho quase imediatamente.

- Agora suponha que há um cenário simples envolvendo o *Elemento de Risco 1*, onde o evento de fogo catastrófico estimado, total e completo significaria uma perda de US$6 milhões em ativos, US$3 milhões em produção e US$1 milhão em produtividade. Esses valores foram obtidos por meio de auditoria por pessoal de risco após inventário dos ativos, análise financeira das taxas de produção e perda de renda e estimativas de recursos humanos. Usando essas estimativas podemos inserir os pesos relevantes, seja em valores numéricos ou percentuais. Por exemplo, *Controle 1* tem um peso de **6**, *Controle 2* tem um peso de **3**, e *Controle 3* tem um peso de **1**, proporcional ao risco bruto total coberto e o impacto mitigado por cada controle para este único *Elemento de Risco*. É claro que cada empresa pode ter seu próprio paradigma para definir pesos, desde que seja consistente durante toda a implementação do ERM. Neste simples exemplo, analisamos a ponderação do impacto da redução de riscos, considerando que diferentes organizações que não possuem tais números de impacto também podem usar um grau de dificuldade no exercício do controle, complicação ou custo para implementar (nesse caso, os pesos serão diferentes do exemplo anterior).

- Continuando nosso exemplo, digamos que o *Controle 1* (seguro contra incêndio) é muito fácil de executar e que a cobertura para o valor total dos Ativos já havia sido comprada, o que significa que % Mitigação Concluída (%M) é de 100% ou, alternativamente, % Vulnerabilidade (%V) é de 0%. Os controles 2 e 3 são mais difíceis de completar e levam tempo e dinheiro, e agora são concluídos em 0% (0% mitigados ou 100% vulneráveis se ocorrer um incêndio).

- Como nota lateral, os %M e %V são complementares uns aos outros (1-%V-%D), e expressar, seja vulnerabilidade ou grau de mitigação, é um tópico de preferência (% °M assume uma visão mais otimista enquanto % ƒV assume uma visão mais pessimista, mas é muito fácil converter de uma medida para outra, como descrito).

- Para ter outra amostra de um conjunto de entradas sugerimos ir à Figura 4.5- *Elemento de Risco 2* (acidentes de funcionários na fábrica). Finalmente, o *Elemento de Risco N* apresenta intencionalmente os mesmos níveis de ponderação, mas aqui, por outro lado, é utilizada uma porcentagem de ponderação. Portanto, em vez de um peso numérico de 6, 1, 3 (que soma 10), podemos, alternativamente, inseri-los como 60%, 10% e 30% (equivalente a 6/10, 1/10 e 3/10). Esta é uma preferência do usuário e pode ser configurada na guia *Configurações Globais* no PEAT ERM.

- O módulo PEAT ERM calcula automaticamente o fator de Vulnerabilidade (% ƒV) e o Grau de Mitigação (% °M) para cada um dos Elementos de Risco. Abaixo podemos ver seus cálculos correspondentes:

Elemento de Risco 1: **Fogo catastrófico.**

$\% fV = (6 \times 0\% + 3 \times 100\% + 1 \times 100\%) \div (6 + 3 + 1) = 40\%$

$\% \,^{\circ}M = 1 - \%VF = 100\% - 40\% = 60\%$, ou também, temos:

$\% \,^{\circ}M = 1 - (6 \times 0\% + 3 \times 100\% + 1 \times 100\%) \div (6 + 3 + 1) = 60\%$

Elemento de Risco 2: **Acidentes na Usina.**

$\% fV = (6 \times 55\% + 1 \times 65\% + 3 \times 85\%) \div (6 + 1 + 3) = 65\%$

$\% \,^{\circ}M = 1 - \%VF = 100\% - 65\% = 35\%$, ou também, temos:

$\% \,^{\circ}M = 1 - (6 \times 55\% + 1 \times 65\% + 3 \times 85\%) \div (6 + 1 + 3) = 35\%$

Elemento de Risco N: **Questões legais.**

Neste exemplo, usamos % de pesos em vez de pesos numéricos.

$\% fF = (60\% \times 55\% + 10\% \times 65\% + 30\% \times 85\%) = 65\%$

$\% \,^{\circ}M = 1 - \%VF = 100\% - 65\% = 35\%,$

ou também, temos:

$\% \,^{\circ}M = 1 - (60\% \times 55\% + 10\% \times 65\% + 30\% \times 85\%) = 35\%$

Como nota lateral, a ponderação numérica pode tomar qualquer inteiro positivo e não terá restrições posteriormente, enquanto o % de peso que cada necessidade precisa estar entre 0% e 100%, e os pesos totais para cada Elemento de Risco devem somar até 100%.

O Risco Monetário Bruto para o *Elemento de Risco 1* (fogo catastrófico) é, naturalmente, US$6 milhões+US$3 milhões+US$1 milhão. E no exemplo acima, vemos que apenas o *Controle 1* (seguro contra incêndio) foi mitigado para 100% (0% vulnerável). Isso significa que todos os US$6 milhões foram mitigados e que o risco não existe mais, pelo menos em termos financeiros. Portanto, o Risco Remanescente ou Residual é de US$3 milhões+US$1 milhão-US$4 Milhões. Por outro lado, podemos calcular o Risco Residual:

Risco Residual $= Risco\ Bruto\ x\ \%\ fator\ de\ Vulnerabildade$

Claro, que isso é o mesmo que dizer que:

Risco Residual $= Risco\ Bruto \times (1 - \%\ grau\ de\ Mitigação)$

Podemos calcular:

Risco Residual $= \$10M \times 40\% = \$10M \times (1 - 60\%) = \$4M$

Esses US$4 Milhões são o **Risco Remanescente** ou **Residual** ou o risco que permanece após a aplicação dos *Controles de Risco*.

Além disso, os requisitos do COSO estabelecem especificamente o uso de medidas de Impacto e Probabilidade. Eles definem o Risco Bruto como um Risco Inerente e Risco Residual como o risco que permanece após a administração já ter implantado os controles necessários identificados. (Consulte o Capítulo 3 para obter especificações sobre como o PEAT cumpre com a Basileia III/IV, ISO-31000:2009 e padrões globais de COSO) . Em dependência das definições utilizadas neste exemplo, claramente, diferentes empresas têm paradigmas diferentes; o importante aqui é ser coerente com sua definição. Se calcularmos o Risco Remanescente no exemplo acima, o usuário tem a opção de alterar o nome de "*Risco Residual*" para algo como "*Risco Real* ou Remanescente", na guia *Configurações Globais* ERM em PEAT, para evitar confusão.

Em seguida, veremos como usar o PEAT/ERM para inserir elementos de risco e controles de risco no *Registro de Risco* (Figura 4.6):

- *Passo 1*: No registro de risco relevante, os usuários podem inserir novos Itens de Risco na grade de dados ou editar um *Elemento de Risco* existente *(clique* no ícone de lápis na grade de dados para editar a linha relevante).

Cada Item de Risco aparece como uma nova linha na grade de dados do *Registro de Risco*.

- *Passo 2*: Digite os *Controles de Risco*, *Ponderação* e *% Mitigação Concluída* para cada elemento de controle (pesos podem ser inseridos como inteiros ou percentagens, dependendo das configurações do usuário na guia *Configurações Globais*). *Ponderação Configurações Globais* O Grau de Mitigação *%* é calculado *automaticamente* e aparece na grade de dados sob a coluna *%OK*.

- *Passo 3*: Os usuários entram opcionalmente nos valores monetários do Risco Bruto, se necessário e conhecido, bem como um *spread* que será usado mais tarde ao executar simulações de risco Monte Carlo. Por exemplo, digite US$8 milhões, US$10 milhões e US$12 milhões, onde o risco bruto mais provável é US$10 milhões, conforme ilustrado neste exemplo (a soma de Ativos, Produção e Produtividade).

- *Passo 4*: Posteriormente, os usuários entram opcionalmente nas quantidades monetárias de risco residual, se necessário. Isso é muito simples de entrar: basta pegar os valores de Risco Bruto e multiplicá-los por (1–%DM). Neste exemplo, os *spreads* de Risco Residual serão:

  o *Risco Residual Mínimo* = $8M × (1 − 60%) = $3.2M.

  o *Risco Residual + Probavel* = $10M × (1 − 60%) = $4.0M.

  o *Risco Residual Máximo* = $12M × (1 − 60%) = $4.8M.

- *Passo 5*: Dependendo se o usuário já selecionou anteriormente as configurações de Impacto e *Vulnerabilidade* ou *Impacto* e *Probabilidade* para a Matriz de Risco na *Configurações Globais* guia Configurações Globais PEAT/ERM, os usuários podem usar o *Risco Real* ou *Residual* Calculado de US$4 milhões ou o valor do *Risco Residual* ou %OK (por exemplo, % do fator de Vulnerabilidade para o *Elemento de Risco* após o cálculo da média ponderada dos diferentes *Controles de Risco*), ou podem usar suas próprias categorias especificadas e inserir o valor *V* ou *I*, que que podem ser vinculados ao ganho líquido, renda ou outras métricas financeiras e que são obviamente exclusivas de cada empresa e podem mudar ao longo do tempo. O Comitê de Risco da empresa escolherá essas categorizações (o exemplo abaixo é para uma matriz de 5x5):

Categorias de Risco	Lucro Líquido $6.24 Milhões	
Risco Crítico	> 1,0%	≥ 62M
Alto Risco	≥ 0,1%	6.2M - 62M
Risco Médio	≥ 0,01%	0.6M - 6.2M
Baixo Risco	≥ 0,001%	62K - 0.6M
Risco Mínimo	< 0,001%	≤ 62K

Fator de Vulnerabilidade	Índice V
≪ 20%	1
20% – 40%	2
40% – 60%	3
60% – 80%	4
≫80%	5

- *Passo 6*: Continue adicionando mais elementos de risco no Registro de Risco, realize análises tornado e simulação de se cenários e execute os vários relatórios do *Risk Board*.

Avaliação Dinâmica - Impacto

O impacto está sempre associado ao patrimônio do tomador de decisão. Por exemplo, uma empresa que movimenta bilhões de dólares mensais em seu negócio de mineração ou extração de petróleo bruto tem um apetite de risco muito diferente do que uma padaria ou farmácia. Os níveis de impacto projetados na Matriz de Risco devem estar associados à escala de impacto financeiro adequada. Essas faixas financeiras podem ser indexadas, por exemplo, às vendas da empresa, de modo que os valores monetários do risco se relacionam ou estejam sempre atualizados com o tamanho da empresa, uma vez que os KRI's são absolutos e sua evolução dependerá apenas da implementação das medidas de mitigação de riscos e dos ativos não voláteis da empresa.

Avaliação Dinâmica - Probabilidades

A probabilidade de um evento está associada a uma medida de se ele ocorrerá independentemente das ações dos executivos da empresa. Pode ser o resultado de uma simulação de risco de Monte Carlo (no caso de medir o VaR [Valor de Risco] ou outros intervalos de probabilidade e confiança associados) ou pode ser uma avaliação subjetiva das pessoas responsáveis por sua gestão. Especialistas geralmente têm alguma sensibilidade, com base em sua experiência, sobre as chances de um evento de risco acontecer. Esse valor pode, então, ser resultado de uma avaliação analítica ou de uma pesquisa e consenso de especialistas.

A tabela abaixo dá um exemplo de como definir os níveis de probabilidade de um evento:

Faixa de Probabilidade		Classificação Qualitativa		Escala Equivalente
> 80%	→	Crítica	↔	5
60% - 80%	→	Alta	↔	4
40% - 60%	→	Média	↔	3
20% - 40%	→	Baixo	↔	2
< 20%	→	Mínimo	↔	1

Avaliação Dinâmica da Medição KRI (Risco)

Um risco quantitativo ou avaliação KRI está associado à mitigação ou redução da exposição ao risco. Essas medidas podem ser entendidas ou organizadas em uma listagem de grupo, na qual os riscos são avaliados como "OK" ou "LOW" para esses eventos, se ocorrerem, que não sejam relevantes para a saúde financeira ou imagem da empresa. Outra avaliação é "crítica" para "aceitável" para aqueles riscos que são muito graves e podem comprometer a sobrevivência da empresa. Os gestores de risco em grupo devem definir medidas de exclusão ou mitigação de riscos para que estejam sempre no nível "crítico" ao "aceitável", e que o nível de investimento que a empresa fará em ações de mitigação seja menor do que a redução de risco esperada.

RISCO OPERACIONAL
BANCÁRIO E EMPRESARIAL

RISCOS OPERACIONAIS BANCÁRIOS

Sem dúvida, o caso do risco operacional é o mais difícil de medir e modelar. O oposto do risco de mercado, por definição, são os dados de risco operacional que não são apenas escassos, mas descontrolados, instáveis e descontrolados no sentido de que os eventos de risco operacionais mais relevantes não são identificados no balanço de nenhuma instituição financeira. Uma vez que a abordagem de modelagem ainda é baseada na lógica VaR, na qual o modelo usa dados empíricos passados para projetar os resultados esperados, então modelar o risco operacional torna-se uma tarefa muito desafiadora. Como indicado, o risco de mercado oferece informações auditadas diariamente e publicamente a serem usadas e modeladas. Pelo contrário, os eventos de risco operacional não são, na maioria dos casos, públicos, não identificados no livro razão, e em muitos casos nem sequer são identificados. Mas a maior dificuldade surge da definição do próprio risco operacional. Mesmo se pudéssemos realizar a tarefa de identificar cada evento de risco operacional, ainda teríamos informações muito incompletas. A definição de risco operacional inclui eventos gerados por falhas em pessoas, processos, sistemas e eventos externos. Com o risco de mercado, os preços dos ativos podem subir ou cair, ou permanecer os mesmos. Com risco operacional, um evento desconhecido que nunca ocorreu antes no período de análise pode ocorrer e afetar materialmente as operações, mesmo sem ser uma fila de eventos extremos.

Assim, a lógica de usar abordagens semelhantes a diferentes informações de disponibilidade e comportamento, torna as definições e suposições muito cuidadosas. Com essa lógica em mente, o Comitê de Basileia determinou que, para modelar adequadamente o risco operacional, os bancos devem ter quatro fontes de dados de risco operacional: perdas internas, perdas externas, ambiente de negócios, fatores de controle interno e cenários de estresse. Conhecidos como os **quatro elementos de Risco Operacional**, o Comitê de Basileia recomenda que sejam considerados na modelagem. Para os bancos e países menores, essas recomendações representam um desafio definitivo, pois em muitas ocasiões esses elementos não são suficientemente desenvolvidos ou não estão presentes.

Nesse contexto, a maioria dos bancos recorreu ao uso apenas de informações internas para modelar o risco operacional. Essa abordagem vem com algumas deficiências e mais suposições e deve ser tomada como um passo inicial que prevê o desenvolvimento dos outros elementos à medida que estiverem disponíveis.

O exemplo da Figura 5.1 analisa a modelagem das perdas internas como uma abordagem simplificada geralmente assumida por instituições menores. Uma vez que as informações de risco operacional são escassas, é necessário "completar" distribuições de perdas com dados gerados aleatoriamente. A abordagem mais comum à tarefa é o uso da simulação de risco Monte Carlo (Gráficos 5.2, 5.3 e 5.4) que permite a incorporação de dados mais estáveis e o ajuste das distribuições dentro das funções de densidade pré-definidas.

As regulamentações de Basileia III e Basileia IV permitem o uso de múltiplas abordagens quando se trata de calcular o ajuste de capital no risco operacional. O Comitê de Basileia define o risco operacional como perdas resultantes de processos inadequados ou fracassados, indivíduos e sistemas internos, ou eventos externos, incluindo riscos legais, mas excluindo riscos estratégicos ou reputacionais.

- A Abordagem do Indicador Básico (BIA) utiliza o Rendimento Bruto Positivo dos últimos 3 anos aplicado a um multiplicador *Alfa*.

- A Abordagem Padronizada (TSA) utiliza receita bruta positiva de 8 linhas de negócios diferentes com seus próprios coeficientes *Beta* ponderados pelo risco.

- A Abordagem Padronizada Alternativa (ASA) é baseada no método TSA e utiliza receita bruta, mas aplica Empréstimos Totais e Avanços às linhas de varejo e varejo de negócios, ajustadas pelo multiplicador, antes de usar os mesmos coeficientes *Beta* TSA ponderados pelo risco.

- A Abordagem Padronizada Revisada (RSA) utiliza receitas e despesas como variáveis substitutas para obter o Indicador de Negócios necessário para calcular o ajuste de Capital de Risco.

- A Abordagem Avançada de Medição (WADA) é indefinida, na medida em que os bancos individuais podem usar suas próprias abordagens sujeitas à aprovação regulatória. A abordagem típica, e o mesmo método empregado pelo aplicativo de software ALM-CMOL, é usar dados históricos de perda, para fazer o ajuste de distribuição de probabilidades, na frequência e gravidade das perdas, que é posteriormente confrontada através da simulação de Risco Monte Carlo, para obter as distribuições de probabilidades de perdas esperadas futuras. Os resultados *VaR* da fila de eventos podem ser obtidos diretamente a partir de distribuições simuladas.

A Figura 5.1 ilustra os métodos BIA, TSA, ASA e RSA, conforme estabelecido na Basileia III/IV. A BIA utiliza níveis de renda bruta totais durante os últimos 3 anos do banco e multiplica-o com um coeficiente *Alfa* (15%) para obter o ajuste de capital. Apenas os valores da renda bruta são utilizados. Este é o método mais simples e não requer aprovação regulatória prévia. No método TSA, o banco é dividido em 8 linhas de negócios *(finanças corporativas, comércio e vendas, bancos pessoais, bancos comerciais, pagamentos e liquidações, serviços de agências, gestão de ativos e corretora de varejo);* os valores totais positivos de receita bruta anual de cada linha de negócios são usados nos últimos 3 anos, e cada linha de negócio tem seu próprio multiplicador de coeficiente Beta. Esses valores de *Beta* são substitutos baseados nas relações em todo o setor entre a experiência de perdas, causadas por riscos operacionais, para cada linha de negócios e níveis globais de renda bruta.

O ajuste total de capital baseado na TSA é simplesmente a soma da média ponderada dessas linhas de negócios nos últimos 3 anos. O ASA é semelhante à TSA, exceto que as linhas bancárias pessoais e comerciais de negócios usam empréstimos e adiantamentos totais em vez de usar a receita bruta anual total. O total desses empréstimos e adiantamentos são multiplicados por um fator de 3,50% antes de serem ponderados, mediados e agregados.

O ASA também é útil em situações em que o banco tem uma margem de juros líquida extremamente alta ou baixa (NIM), enquanto a receita bruta para linhas de varejo e comerciais de negócios é substituída por um substituto baseado em ativos (empréstimos totais e avanços multiplicados pelo fator 3,50%). Além disso, dentro da abordagem ASA, as 6 linhas de negócios podem ser adicionadas a uma única linha de negócios, desde que multiplicadas pelo maior coeficiente *Beta* (18%), e os 2 empréstimos e avanços restantes (linhas comerciais e de varejo de negócios) possam ser adicionados e multiplicados pelo coeficiente *Beta* de 15%.

Em outras palavras, ao usar o software ALM-CMOL, você pode adicionar todas as 6 linhas de negócios e inseri-las como uma única linha de entrada em Finanças Corporativas, que tem um multiplicador de 18%, e todos os 2 empréstimos e linhas de negócios podem ser adicionados como a linha comercial de negócios, que tem um multiplicador de 15%.

O principal problema com os métodos BIA, TSA e ASA é que, em média, esses métodos são sub-calibrados, especialmente para bancos grandes e complexos. Por exemplo, esses três métodos assumem que a exposição ao risco operacional aumenta linearmente e proporcionalmente com os ganhos brutos ou receitas. Essa suposição é inválida porque certos bancos experimentam uma queda na receita bruta devido a eventos sistêmicos ou específicos do banco que podem incluir perdas de eventos de risco operacional. Nessas situações, a queda da renda bruta deve ser proporcional aos maiores requisitos de capital operacional e não a um menor ajuste de capital. Por conseguinte, o Comitê da Basileia permitiu a inclusão de um método revisado, o RSA. Em vez de utilizar a receita bruta, a RSA utiliza tanto receita quanto despesa de múltiplas fontes, como mostra a Figura 5.1.

A RSA utiliza as entradas de um componente de *juros* (rendimentos de juros menos despesas com juros), um componente de *serviço* (a soma da receita da comissão, despesas com comissão, outras despesas operacionais e outras despesas operacionais) e um componente financeiro (a soma do valor absoluto do lucro líquido e financeiro perda na carteira de negociação, e o valor absoluto das perdas líquidas e ganhos na carteira do banco).

O cálculo do ajuste de capital baseia-se no cálculo de um Indicador de Negócios (BI), onde o BI é a soma dos valores absolutos desses três componentes (evitando resultados contraintuitivos com base em contribuições negativas por qualquer componente).

O objetivo do cálculo do BI é promover a simplicidade e a comparabilidade utilizando um único indicador para exposição ao risco operacional sensível ao tamanho e volume do negócio do banco, em vez dos coeficientes estáticos das linhas de negócios, independentemente do tamanho ou volume do banco.

Ao utilizar o BI calculado, o ajuste de capital de risco é determinado a partir de 5 categorias predefinidas na Basileia III/IV, aumentando em valor de 10% para 30%, dependendo do tamanho do BI (variando de 0 a 30 bilhões). Estas categorias de Basileia predefinidas são determinadas por milhares de euros, onde cada categoria tem seus próprios coeficientes *Beta* ponderados. Finalmente, o ajuste de capital de risco é calculado com base na abordagem marginal incremental ou segmentada (em vez do efeito precipício), quando os bancos migram de uma categoria para outra) utilizando essas categorias.

As Figuras 5.2, 5.3 e 5.4 ilustram a análise das Distribuições operacionais de perda de risco quando o método WADA é aplicado. Os usuários iniciam na guia *Dados de Perda*, onde os dados históricos de perda são inseridos ou colados na grade de dados. As variáveis incluem perdas passadas em relação a riscos operacionais, segmentação por divisões e departamentos, linhas de negócios, datas de perdas, categorias de risco, e assim por diante. Os usuários então ativam os controles para selecionar como as variáveis nos dados de perda devem ser segmentadas (p.ex., por categorias e tipos de risco e linhas de negócio), o número de testes de simulação para executar e, se necessário, os valores de sementes a serem aplicados na simulação. Tudo isso selecionando as colunas relevantes das variáveis.

As rotinas de ajuste de distribuição também podem ser selecionadas, conforme necessário. Em seguida, você pode executar a análise e ajustar as distribuições aos dados. Como de costume, você pode salvar configurações de modelo e dados.

A Figura 5.3 ilustra o subguia de *Risco Operacional – Distribuição de Perdas Ajustadas*. Os usuários começam selecionando os segmentos de ajuste para configurar as diferentes categorias de risco e segmentos das linhas de negócio e, com base no segmento selecionado, as distribuições equipadas e seus valores p são listados e classificados de acordo com o maior valor p no menor valor p, indo do melhor ao pior ajuste estatístico para as diferentes distribuições de probabilidade. Dados empíricos e distribuições teoricamente ajustadas aparecem graficamente, e momentos estatísticos aparecem para os dados reais versus os momentos da distribuição teoricamente ajustada. Depois de decidir quais distribuições usar, os usuários podem executar as simulações.

Figura 5.4 mostra o *Risco Operacional – Perdas de Risco Estimada* usando a convolução da frequência e da gravidade das perdas históricas onde, dependendo de qual segmento de risco e linha de negócio foi selecionado, os resultados da distribuição de probabilidades relevantes das simulações de risco Monte Carlo são exibidos, incluindo resultados simulados sobre frequência, gravidade e multiplicação de gravidade de frequência, chamada *Distribuição de Perda Esperada*, bem como *Distribuição de Perda Extrema* (é aí que perdas extremas no conjunto de dados se encaixam em distribuições extremas- Ver Capítulo 4 para obter mais detalhes sobre distribuições extremas e seus modelos matemáticos). Cada uma das tabelas de distribuição tem suas próprias entradas confiáveis e percentis onde os usuários podem selecionar uma cauda (cauda direita ou cauda esquerda) ou dois intervalos de confiança de duas caudas e inserir os percentis para obter os valores de confiança (p.ex., o usuário pode entrar no percentil 99,90% da cauda direita para obter o nível de confiança VaR das piores perdas nos 0,10% da cauda esquerda).

Risco de Crédito (ERC)   Risco de Mercado   Gerenciamento do Ativo-Passivo   Modelos Analíticos   Risco Operacional   Painel KPI

OPRISK Basileia (BIA, TSA, ASA, RSA)   OPCAR (AMA) Basileia   Análise Loss Distribution (AMA)   Estatística Simulação de Risco

Normas de Basileia II e Basileia III permitem o uso de múltiplas abordagens quando se trata de computação custo de capital de risco operacional (definido como perdas resultantes de sistemas, pessoas e processos internos inadequados ou falhados ou de eventos externos, que inclui o risco legal, mas exclui quaisquer riscos estratégicos e de reputação). A abordagem do indicador básico (BIA) usa a perda bruta positiva dos últimos 3 anos aplicados a um multiplicador de alfa. A abordagem padronizada (TSA) usa a renda bruta positiva de 8 linhas de negócio distintas com seus próprios coeficientes de ponderação de risco Beta, a abordagem de padronizado alternativo (ASA) usa o rendimento bruto, bem como Total de empréstimos e adiantamentos para as linhas de negócios de varejo e comercial, ajustadas por um multiplicador, e a revista padronizado abordagem (RSA) utiliza as receitas e despesas como variáveis proxy para obter o indicador de negócios usados no cálculo da carga de capital necessária. As outras abias são para a abordagem de medição avançada (AMA) onde usando dados históricos de perda, distribuições de probabilidade cabidas na frequência e severidade são complicadas através de simulação Monte Carlo de risco para obter as distribuições de probabilidade das perdas esperadas.

1. Abordagem do Indicador Básico (BIA)

Categorias de Rendimento Bruto	Ano 1	Ano 2	Ano 3	Alfa
Receita Bruta Anual	75,461,000	55,561,450	89,562,500	15%
Custo de Capital (BIA)	11,029,248	15.00%		

2. A abordagem Padronizada (TSA)

Categorias de Rendimento Bruto	Ano 1	Ano 2	Ano 3	Beta
França Corporativa	75,561,450	175,561,450	75,561,450	18%
Negociação e Venda	85,561,450	85,561,450	85,561,450	18%
Banco Varejo	55,561,450	85,561,450	55,561,450	12%
Banco Comercial	55,561,450	55,561,450	255,561,450	15%
Pagamentos e Liquidações	95,561,450	95,561,450	95,561,450	18%
Serviços de Agenciamento	55,561,450	55,561,450	55,561,450	15%
Gestão de Ativos	55,561,450	95,561,450	55,561,450	12%
Corretagem Varejo	55,561,450	45,561,450	55,561,450	12%
Custo Capital (TSA)	101,273,740	15.47%		

3. Abordagem Padronizada Alternativa (ASA)

Rendimento Bruto & Adiantamento	Ano 1	Ano 2	Ano 3	Beta
França Corporativa	75,561,450	175,561,450	75,561,450	18%
Negociação e Venda	85,561,450	85,561,450	85,561,450	18%
Empréstimos de Varejo & Adiantamentos	155,561,450	285,561,450	355,561,450	12%
Totais empréstimos comerciais & Avanços	411,561,450	655,561,450	755,561,450	15%
Pagamentos e Liquidações	95,561,450	95,561,450	95,561,450	18%
Serviços de Agenciamento	55,561,450	55,561,450	55,561,450	15%
Gestão de Ativos	55,561,450	95,561,450	55,561,450	12%
Corretagem Varejo	55,561,450	45,561,450	55,561,450	12%
Empréstimos & Multiplicador de avanços	0.035			
Custo de Capital (ASA)	79,377,204	15.96%		

4. Abordagem Padronizada Revista (RSA)

Enter values below in thousands of Euro ('000 Euro) as Basel II/III categories are in '000 Euro.

Receita de Juros	50,000	Lucro Líquido & Perda Carteira	51,250
Despesa de Juros	5,254	Lucro Líquido & Perda Contábil Banco	92,550
Fee Receita	6,750	Enter the name of the currency type (e.g., Euro...	Euro
Fee Despesa	8,195	Indicador de Negócio (BI)	213,891
Outras Receitas Operacionais	9,255	Custo de Capital (RSA)	61,574
Outras Despesas Operacionais	1,145	% Capital OPRISK Efetivo	28.79%

☑ Use Basel III Defaults

BI Categories (in '000 Euro)	100	1000	3000	30000	
BI Ranges (in '000 Euro)	0-100	100-1000	1000-3000	3000-30000	Over 30000
Coeficiente Beta	10%	13%	17%	22%	30%

Nome:
Sample III - BIA, TSA, ASA, RSA

Notas:

Modelo Salvo
Sample I - BIA, TSA, ASA, RSA
Sample II - BIA, TSA, ASA, RSA
Sample III - BIA, TSA, ASA, RSA

Salvar Como   Editar   Salvar   Apagar

Novo

Figura 5.1: Métodos Basileia III/IV BIA, TSA, ASA, RSA

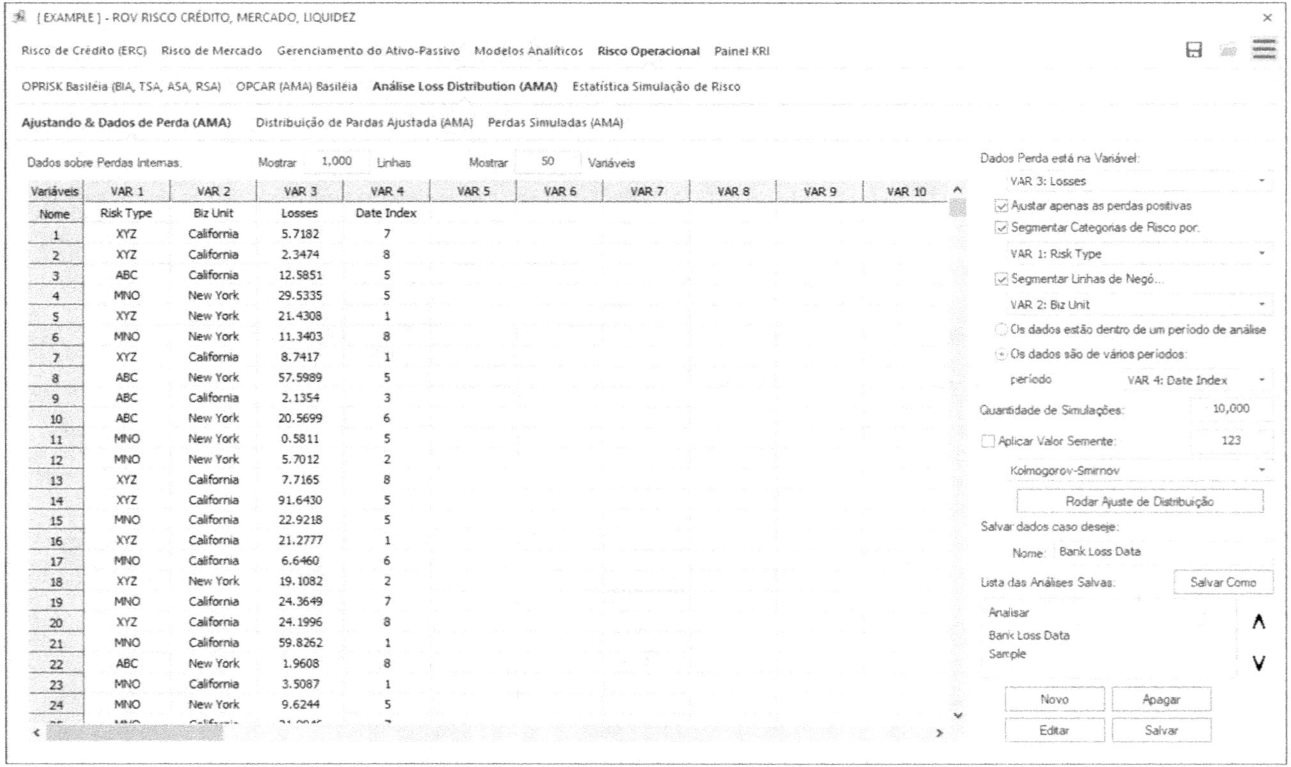
[EXAMPLE] - ROV RISCO CRÉDITO, MERCADO, LIQUIDEZ
Risco de Crédito (ERC)
Risco de Mercado
Gerenciamento do Ativo-Passivo
Modelos Analíticos
Risco Operacional
Painel KRI
OPRISK Basiléia (BIA, TSA, ASA, RSA)
OPCAR (AMA) Basiléia
Análise Loss Distribution (AMA)
Estatística Simulação de Risco
Ajustando & Dados de Perda (AMA)
Distribuição de Pardas Ajustada (AMA)
Perdas Simuladas (AMA)
Dados sobre Perdas Internas:
Mostrar 1,000 Linhas
Mostrar 50 Variáveis
Variáveis | VAR 1 | VAR 2 | VAR 3 | VAR 4 | VAR 5 | VAR 6 | VAR 7 | VAR 8 | VAR 9 | VAR 10
Nome | Risk Type | Biz Unit | Losses | Date Index
1 | XYZ | California | 5.7182 | 7
2 | XYZ | California | 2.3474 | 8
3 | ABC | California | 12.5851 | 5
4 | MNO | New York | 29.5335 | 5
5 | XYZ | New York | 21.4308 | 1
6 | MNO | New York | 11.3403 | 8
7 | XYZ | California | 8.7417 | 1
8 | ABC | New York | 57.5989 | 5
9 | ABC | California | 2.1354 | 3
10 | ABC | New York | 20.5699 | 6
11 | MNO | New York | 0.5811 | 5
12 | MNO | New York | 5.7012 | 2
13 | XYZ | California | 7.7165 | 8
14 | XYZ | California | 91.6430 | 5
15 | MNO | California | 22.9218 | 5
16 | XYZ | California | 21.2777 | 1
17 | MNO | California | 6.6460 | 6
18 | XYZ | New York | 19.1082 | 2
19 | MNO | California | 24.3649 | 7
20 | XYZ | California | 24.1996 | 8
21 | MNO | California | 59.8262 | 1
22 | ABC | New York | 1.9608 | 8
23 | MNO | California | 3.5087 | 1
24 | MNO | New York | 9.6244 | 5
Dados Perda está na Variável:
VAR 3: Losses
Ajustar apenas as perdas positivas
Segmentar Categorias de Risco por:
VAR 1: Risk Type
Segmentar Linhas de Negó...
VAR 2: Biz Unit
Os dados estão dentro de um período de análise
Os dados são de vários períodos:
período
VAR 4: Date Index
Quantidade de Simulações:
10,000
Aplicar Valor Semente:
123
Kolmogorov-Smirnov
Rodar Ajuste de Distribuição
Salvar dados caso deseje:
Nome: Bank Loss Data
Lista das Análises Salvas:
Salvar Como
Analisar
Bank Loss Data
Sample
Novo
Apagar
Editar
Salvar
Figura 5.2: Dados de risco operacional na Abordagem avançada de medição (AMA)

Risco de Crédito (ERC)   Risco de Mercado   Gerenciamento do Ativo-Passivo   Modelos Analíticos   **Risco Operacional**   Painel KRI

OPRISK Basiléia (BIA, TSA, ASA, RSA)   OPCAR (AMA) Basiléia   **Análise Loss Distribution (AMA)**   Estatística Simulação de Risco

Ajustando & Dados de Perda (AMA)   **Distribuição de Perdas Ajustada (AMA)**   Perdas Simuladas (AMA)

Iniciar selecionando o segmento para ver os resultados ajustados

Segmento de Risco & Linha de Negócio

XYZ e Califórnia
XYZ e New York
ABC e Califórnia
ABC e New York
MNO e Califórnia
MNO e New York
Todos XYZ
Todos ABC
Todos MNO
Todos Califórnia
Todos New York

DADOS DA FREQUÊNCIA HISTÓRICA AJUSTADA

Default ajustado com a Distribuição Poisson:

○ Auto Ajuste   ○ Substituição Manual (Média)   21.1250

A distribuição de Poisson descreve o número de vezes que um acontecimento ocorre em um dado intervalo, tal como o número de chamadas telefônicas por minuto ou o número de erros por página de um documento. O número de ocorrências possíveis em qualquer intervalo é limitado; as ocorrências são independentes. O número de ocorrências de um intervalo não afeta o número de ocorrências em outros intervalos, e o número médio de ocorrências deve permanecer a mesma a partir do intervalo de intervalo: Taxa ou Lambda é o único parâmetro de distribuição.

A distribuição Weibull descreve os dados resultantes de testes de vida útil e fadiga. Normalmente ela é usada para descrever o tempo de falha em estudos de confiabilidade, como a força necessária para quebrar um material em testes de confiabilidade e o controle de qualidade. As distribuições Weibull também são usadas para representar várias quantidades físicas, como velocidade do vento. A distribuição Weibull é uma família de distribuições que podem assumir as propriedades de muitas outras distribuições. Por exemplo, dependendo do parâmetro de forma que você define a distribuição Weibull pode ser usada para modelar as distribuições exponencial e Rayleigh entre outras.

DADO HISTÓRICO DE SEVERIDADE AJUSTADA

Selecionar parâmetros da Distribuição:

Alpha 1.0541   Beta 26.0963   Location 0.1171

Distribuições Top 10	P-Value
● Weibull3	0.9984
○ Weibull	0.9971
○ Erlang	0.9130
○ Exponential	0.9130
○ Gamma	0.7941
○ Exponential2	0.5661
○ LognormalArithmetic	0.2746
○ Beta4	0.2346
○ GumbelMax	0.0620
○ Cauchy	0.0052

Salvar

	Atual	Teórico
Média	26.2461	25.6748
Mediana	17.6624	18.5493
Desv/Padrão	27.3333	24.2546
Assimetria	2.6665	1.8481
Curtose	11.0695	5.0312
1%	0.2770	0.4493
5%	1.9679	1.6762
95%	75.5239	74.0111
99%	115.5710	111.2292

⦿ Rodas Simulação em todos Segmentos
○ Rodas Simulação para Segmento Selecionado

Rodar Simulação

Gráfico   Controle

Historical Empirical Distribution vs. Theoretical Fitted Distributions

Figura 5.3: Distribuições ajustadas em dados de Risco Operacional

Risco de Crédito (ERC)   Risco de Mercado   Gerenciamento do Ativo-Passivo   Modelos Analíticos   Risco Operacional   Painel KRI

OPRISK Basiléia (BIA, TSA, ASA, RSA)   OPCAR (AMA) Basiléia   **Análise Loss Distribution (AMA)**   Estatística Simulação de Risco

Ajustando & Dados de Perda (AMA)   Distribuição de Perdas Ajustada (AMA)   **Perdas Simuladas (AMA)**

Selecionar o Segmento simulado para ver:
XYZ e California

Mean of Loss Distribution Analysis (LDA): 549.2604
Economic Capital of Unexpected Losses (LDA): 3,266.3056
99.90% Economic Value at Risk (LDA): 3,815.5660

Esquerda <=
Percentil   99.90

Freqüência Simulada

1800, 1600, 1400, 1200, 1000, 800, 600, 400, 200
5.00   12.40   19.80   27.20   34.60   42.00

Simulada a Distribuição da Perda Esperada

3000, 2500, 2000, 1500, 1000, 500
2.2   938.4   1870.6   2804.7   3738.8   4873.0

Severidade Simulada

3000, 2500, 2000, 1500, 1000, 500
0.12   39.55   78.98   118.41   157.83   197.26

	Freqüência	Severidade	Distribuição de Perdas
Média	21.1269	25.9334	549.2604
Mediana	21.0000	18.8618	386.3772
Desv.Padrão	4.5866	24.2086	542.0232
Assimetria	0.1895	1.7945	2.0829
Curtose	-0.0218	4.5036	6.3713
0.1%	9.0000	0.1759	3.3120
0.5%	10.0000	0.2930	6.1666
1.0%	11.0000	0.4604	9.2579
99.0%	32.0000	110.0017	2,564.1969
99.5%	33.0000	126.1613	2,952.8138
99.9%	36.0000	160.1468	3,815.5660
Esquerda 99.90%	36.0000	160.1468	3,815.5660

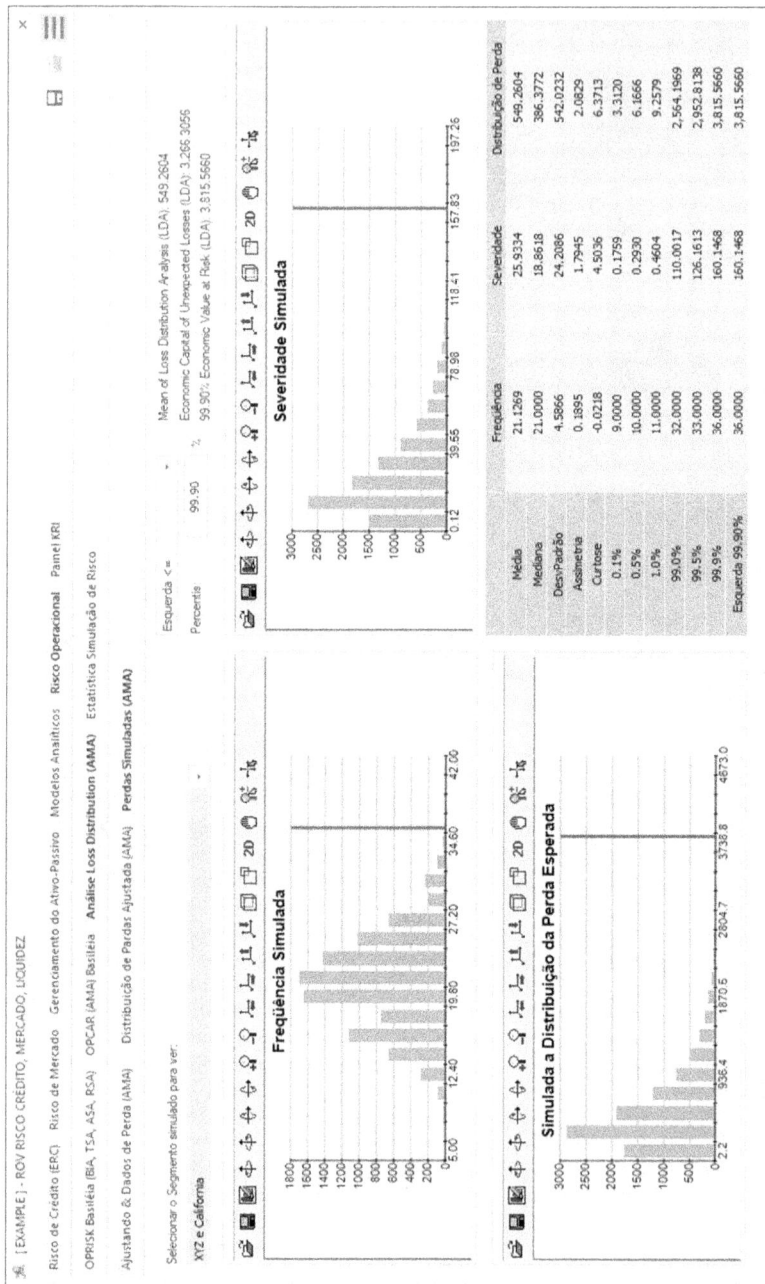

Figura 5.4: Simulação de Risco Monte Carlo para Perdas Operacionais

A Figura 5.5 mostra os cálculos do modelo OPCAR (Capital Operacional em Risco) na Basileia III/IV, onde a distribuição de probabilidade de frequência de × evento de risco é multiplicada pela distribuição de probabilidades de gravidade em perdas operacionais, o foco onde a Frequência à Gravidade é referida como o modelo de Aproximação de Perda Simples (SLA). O SLA é calculado usando métodos de convolução, combinando distribuições de múltiplas probabilidades. É muito difícil e complexo calcular os resultados quando a SLA utiliza métodos de convolução e os resultados são apenas aproximações, que são válidas apenas nas caudas extremas da distribuição (p.ex., 99,9%). No entanto, a simulação de risco Monte Carlo oferece uma alternativa mais simples e poderosa quando duas distribuições de variáveis aleatórias são complicadas e multiplicadas para obter a distribuição combinada. Claramente o desafio é configurar os parâmetros relevantes das entradas de distribuição. É aí que as ferramentas de ajuste de dados e percentil são muito úteis. Para mais detalhes, sugerimos a leitura do livro do Dr. Johnathan Mun, intitulado *Modeling Risks,* [Modelando Riscos], Third Edition (Thomson-Shore).

A Figura 5.6 mostra os resultados da simulação de convolução, mostrando a distribuição de frequências de perdas, gravidade e perdas esperadas. As Perdas Esperadas resultantes (EL), Perdas Inesperadas (UL) e Capital Operacional Total em Risco (OPCAR) também são calculadas e exibidas. EL, é claro, é o valor médio dos resultados simulados, OPCAR é o percentil de 99,90% da cauda, e UL é a diferença entre OPCAR e EL.

A Figura 5.7 mostra o ajuste dos dados sobre a gravidade das perdas utilizando dados históricos de perdas. Os usuários podem colar dados históricos de perda, selecionar rotinas de ajuste necessárias (*Kolmogorov-Smirnov, Akaike Criterion, Bayes Information Criterion, Anderson-Darling, Kuiper's Statistic* etc.) e executar rotinas de ajuste dedados. Em caso de dúvida, use a rotina de *Kolmogorov-Smirnov*. As melhores distribuições de ajuste, valores **p** e seus parâmetros serão listados, e a mesma interpretação se aplica conforme explicado acima.

Em contrapartida, a Figura 5.8 mostra o ajuste percentil para a gravidade da perda, o que é particularmente útil quando não há dados históricos de perda e quando há apenas suposições de gestão de alto nível sobre as probabilidades de ocorrência de determinados eventos. Em outras palavras, ao entrar em alguns percentis (%) e seus valores correspondentes, pode-se obter todos os parâmetros da distribuição.

Essas ferramentas de modelagem permitem que os pequenos bancos tenham uma primeira aproximação de técnicas de gerenciamento operacional de risco mais avançadas. O uso de modelos internos permite uma melhor calibração do capital regulatório que superestima conscientemente o risco operacional. Usar diferentes cenários que proporcionam múltiplos resultados permite que bancos menores tenham uma alocação de capital muito mais eficiente para o risco operacional do que, sendo um Pilar I, tende a ser bastante caro em termos de capital, e bastante perigoso ao mesmo tempo, se o capital foi severamente subestimado. Juntamente com as ferramentas tradicionais de gerenciamento de riscos operacionais, como autoavaliação e KRI's, esses modelos básicos permitem uma estrutura adequada de gerenciamento de riscos IMMM, alinhada com as mais recentes normas internacionais.

Riesgo de Crédito (ERC) Riesgo de Mercado **OPCAR Basilea (AMA)** Gestión de Activos y Pasivos Modelos Analíticos **Riesgo Operativo** Tabla de Instrumentos KRI

OPRISK Basilea (BIA, TSA, ASA, RSAi) **OPCAR Basilea (AMA)** Análisis de Distribución de Pérdidas (AMA) Estadística Simulación de Riesgos

Ajuste de Severidad de Pérdidas **Supuestos de Frecuencia y Severidad** Resultados de la Simulación

Se muestran los modelos simulados de Aproximación Pérdida Individual (SLA) para el cálculo de las pérdidas esperadas (EL), pérdidas No Esperadas (UL), y de Capital en Riesgo Operacional (OPCAR) en el enfoque de Basilea II /III de medición avanzada (AMA). Todas las entradas deben ser: Lambda, Alpha, Beta Mu, Sigma, ubicación, probabilidad, ubicación y ratio (Rho) pueden ser cualquier valor. Utilice los datos de severidad de pérdida y la pestaña percentil apropiado para identificar la distribución que mejor se ajusta y calibra los parámetros de entrada de distribución pertinentes. Comience introduciendo los siguientes dos entradas mundiales de Dsitribución de Poisson de frecuencia media y Valor en Riesgo Operacional %, y luego proceder a introducir los insumos pertinentes para la distribución que ha seleccionado para ejecutar los resultados OPCAR

☐ Ejecutar Convolución (tendrá unos minutos para funcionar) | Modelar y Simular |

Poisson (Distribución de Frecuencias)

Probabilidad (Operacional VaR %)	99.90%
Frecuencia Promedio (Poisson Lamb...	30.00
Número de Pruebas de Simulación	10,000
Valor Semilla de Simulación	123

Poisson-Exponencial Compuesta

Ratio medio (Rho)	0.01
Pérdidas Esperadas (EL)	
Pérdidas No Esperadas (UL)	
Capital en Riesgo Operacional (OPC...	

Poisson-Frechet Compuesta

Alfa (Forma)	1.50
Beta (Escala)	2.50
Pérdidas Esperadas (EL)	
Pérdidas No Esperadas ...	
OPCAR Simulado	

Poisson-Gamma Compuesta

Alfa (Forma)	1.50
Beta (Escala)	2.50
Pérdidas Esperadas (EL)	
Pérdidas No Esperados ...	
OPCAR Simulado	

Poisson-Logística Compuesta

Alfa (Mediana)	1.50
Beta (Escala)	2.50
Pérdidas Esperadas (EL)	
Pérdidas No Esperadas (UL)	
Capital en Riesgo Operacional (OPC...	

Poisson-Log Logística Compuesta

Alfa (Mediana)	1.50
Beta (Escala)	2.50
Pérdidas Esperadas (EL)	
Pérdidas No Esperadas (UL)	
OPCAR Simulado	

Poisson-Lognormal Compuesta

Media (Mu) (Aritmética)	1.50
Desv. Estándar (Sigma)	2.50
Pérdidas Esperadas (EL)	
Pérdidas No Esperadas ...	
OPCAR Simulado	

Poisson-Lognormal (Log) Compuesta

Media (Mu) (Log)	1.50
Desv. Estándar (Sigma)	2.50
Pérdidas Esperadas (EL)	
Pérdidas No Esperados ...	
OPCAR Simulado	

Poisson-Gumbel Máxima Compuesta

Alfa (Moda)	1.50
Beta (Escala)	2.50
Pérdidas Esperadas (EL)	
Pérdidas No Esperadas (UL)	
Capital en Riesgo Operacional (OPC...	

Poisson-Pareto Compuesta

Alfa (Forma)	1.50
Beta (Mínimo)	2.50
Pérdidas Esperadas (EL)	
Pérdidas No Esperadas (UL)	
OPCAR Simulado	

Poisson-Weibull Compuesta

Alfa (Forma)	1.50
Beta (Escala)	2.50
Pérdidas Esperadas (EL)	
Pérdidas No Esperadas ...	
OPCAR Simulado	

| Nuevo |
| Borrar |
| Guardar |
| Editar |
| Guardar Como |

Nombre: Model 1 - Simulation Only

Modelo Guardado
Model 1 - Simulation Only
Model 2 - Convolution 99.9%
Model 3 - Convolution 90%

< >

Figura 5.5: Pressupostos de frequência e gravidade - OPCAR, Basileia

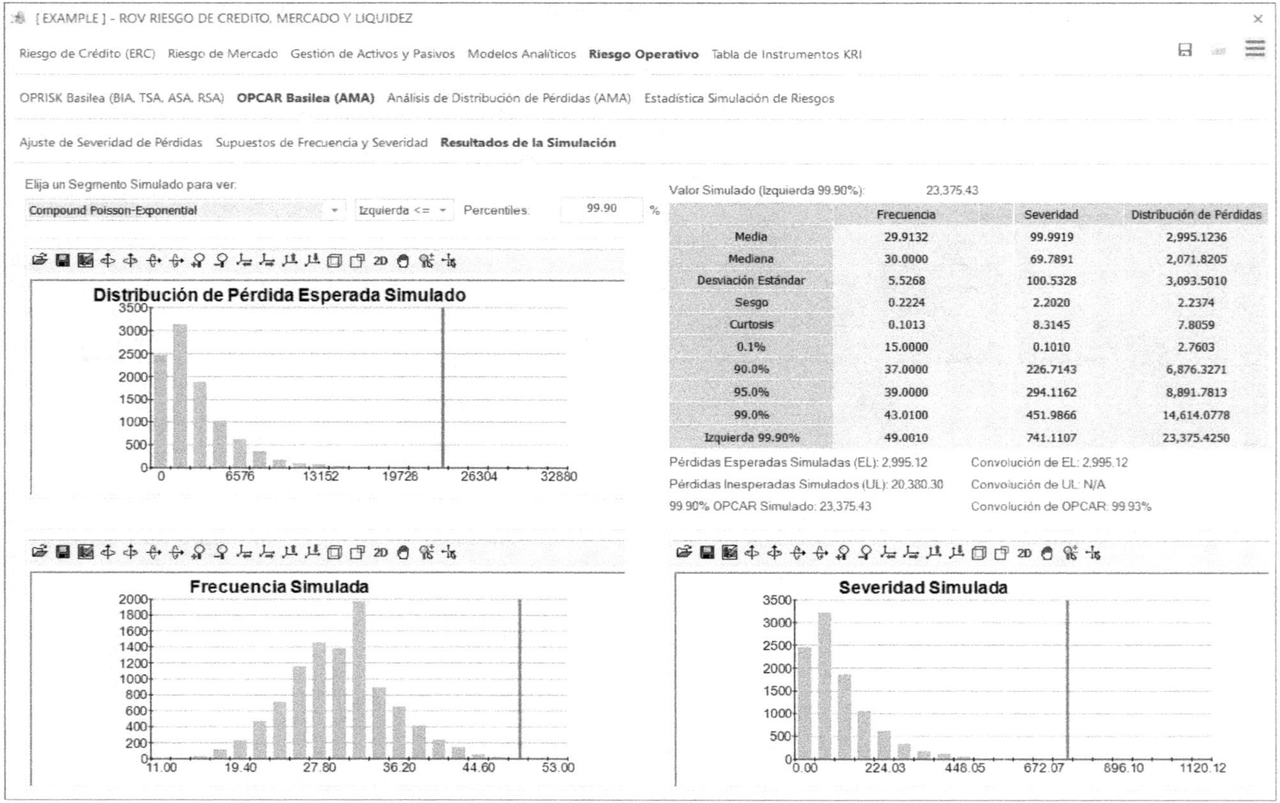
[EXAMPLE] - ROV RIESGO DE CREDITO, MERCADO Y LIQUIDEZ
Riesgo de Crédito (ERC) Riesgo de Mercado Gestión de Activos y Pasivos Modelos Analíticos Riesgo Operativo Tabla de Instrumentos KRI
OPRISK Basilea (BIA, TSA, ASA, RSA) OPCAR Basilea (AMA) Análisis de Distribución de Pérdidas (AMA) Estadística Simulación de Riesgos
Ajuste de Severidad de Pérdidas Supuestos de Frecuencia y Severidad Resultados de la Simulación
Elija un Segmento Simulado para ver:
Compound Poisson-Exponential
Izquierda <=
Percentiles
99.90
%
Valor Simulado (Izquierda 99.90%): 23,375.43
Frecuencia Severidad Distribución de Pérdidas
Media 29.9132 99.9919 2,995.1236
Mediana 30.0000 69.7891 2,071.8205
Desviación Estándar 5.5268 100.5328 3,093.5010
Sesgo 0.2224 2.2020 2.2374
Curtosis 0.1013 8.3145 7.8059
0.1% 15.0000 0.1010 2.7603
90.0% 37.0000 226.7143 6,876.3271
95.0% 39.0000 294.1162 8,891.7813
99.0% 43.0100 451.9866 14,614.0778
Izquierda 99.90% 49.0010 741.1107 23,375.4250
Pérdidas Esperadas Simuladas (EL): 2,995.12
Pérdidas Inesperadas Simulados (UL): 20,380.30
99.90% OPCAR Simulado: 23,375.43
Convolución de EL: 2,995.12
Convolución de UL: N/A
Convolución de OPCAR: 99.93%
Distribución de Pérdida Esperada Simulado
Frecuencia Simulada
Severidad Simulada

Figura 5.6: Resultados de Convolução de Simulação de Basileia para OPCAR

[EXAMPLE] - ROV RIESGO DE CREDITO, MERCADO Y LIQUIDEZ

Riesgo de Crédito (ERC) Riesgo de Mercado Gestión de Activos y Pasivos Modelos Analíticos **Riesgo Operativo** Tabla de Instrumentos KRI

OPRISK Basilea (BIA, TSA, ASA, RSA) **OPCAR Basilea (AMA)** Análisis de Distribucion de Pérdidas (AMA) Estadística Simulación de Riesgos

Ajuste de Severidad de Pérdidas Supuestos de Frecuencia y Severidad Resultados de la Simulación

Usar Datos Históricos de Pérdidas y Ajuste de Distribución
Usar Estimaciones Ocurridas y Ajuste Percentil

Datos de Pérdidas   Mostrar 1.000 Filas   Mostrar 5   Variables

COUNT: VAR1 250; VAR2:250

Criterio de Información de Akaike

Mostrar Resultado de Ajustes   VAR 2

SEVERIDAD DE DATOS HISTÓRICOS AJUSTADOS

Seleccionar los Parámetros de Distribución

Alpha 1.8190   Beta 1.2212

Ejecutar Ajuste de Distribución

Test Statistical Structural Breaks   3

13   Fit

Puede pegar datos históricos de pérdidas en la cuadrícula para cada tipo de riesgo, seleccionar el método de ajuste de distribución, y ejecutar la rutina de ajuste. Las distribuciones de mejor ajuste se muestran con los más altos valores de p. Seleccione la distribución que desea utilizar para ver la comparación de datos reales y distribución teórica. Guarde los datos que requiere, y pegue los parámetros de distribución a la sección de supuestos

Pegue los parámetros ajustados a la ficha de supuestos de Frecuencia y Severidad

Guarde los datos si se desea:

Nombre   Historical Loss Severity

Lista de Análisis Guardados: Guardar Como

Análisis
Historical Loss Severity
Subject Matter Expert Percentile

Nuevo   Borrar

Editar   Guardar

	Top 10 Distribuciones	MAPE
●	Gamma	4.34%
	PearsonVI	4.82%
	Erlang	5.41%
	Weibull	5.93%
	Beta4	6.72%
	LognormalArithmetic	8.27%
	PearsonV	14.25%
	ChiSquare	17.18%
	Arcsine	17.77%
	Rayleigh	19.19%

	Actual	Teórico
Media	2.1980	2.2215
Mediana	1.7705	1.8303
Desviación Estándar	1.5717	1.6471
Sesgo	1.1846	1.4829
Curtosis	1.3401	3.2985
1%	0.1174	0.1354
5%	0.3818	0.3484
95%	5.1429	5.4313
99%	7.3537	7.6904

Variables	VAR 1	VAR 2	VAR 3	VAR 4	VAR 5
Nombre	Dept 1	Dept 2			
1	2.121	0.599			
2	2.908	3.242			
3	3.598	1.713			
4	2.514	5.061			
5	1.430	2.547			
6	0.850	1.083			
7	2.391	6.897			
8	3.696	2.605			
9	2.253	2.425			
10	3.788	2.839			
11	5.425	0.532			
12	1.745	1.535			
13	4.223	0.814			
14	4.201	1.282			
15	4.360	4.198			
16	3.221	2.919			
17	3.767	0.143			
18	6.562	3.479			
19	4.578	0.402			
20	3.073	2.054			

Figura 5.7: Ajuste do Percentil em relação à Gravidade da Perda- OPCAR, Basileia

Riesgo de Crédito (ERC) Riesgo de Mercado Gestion de Activos y Pasivos Modelos Analíticos **Riesgo Operativo** Tabla de Instrumentos KRI

OPRISK Basilea (BIA, TSA, ASA, RSA) **OPCAR Basilea (AMA)** Análisis de Distribucion de Pérdidas (AMA) Estadística Simulación de Riesgos

Ajuste de Severidad de Pérdidas Supuestos de Frecuencia y Severidad Resultados de la Simulación

○ Usar Datos Históricos de Pérdidas y Ajuste de Distribución

● Usar Estimaciones Ocurridas y Ajuste Percentil

Ingresar las Entradas   Decimales: 2

Ejecutar ajuste de Severidad de Pérdi.

	Parámetro	Valor	Percentil (%)
Percentil(s)	▶	12.5	10.00%
Percentil(s)	▶	25.3	85.00%

Test Statistical Structural Breaks   3

Usted puede usar los datos históricos de pérdidas o estimaciones en las cuadrículas de entrada y proceda a ejecutar la rutina de ajuste. Los parámetros de entrada que mejor se ajustan para todas las distribuciones se enumeran. Un alto R cuadrado indica un buen ajuste. Guarde los datos que requiere, y pegar los parámetros de distribución a la sección de supuestos.

Distribución de Probabilidad	R-Cuadrado	Alpha/Mean/Rho	Beta/Stdev	Notes
Exponential	0.00%	1.00		Percentile:0.11; Percentile:1.90;
Frechet	100.00%	3.76	15.60	Percentile:12.50; Percentile:25.30;
Gamma	77.12%	6.31	2.85	Percentile:9.64; Percentile:25.30;
Logistic	100.00%	19.65	3.26	Percentile:12.50; Percentile:25.30;
Log Logistic	100.00%	18.54	5.58	Percentile:12.50; Percentile:25.30;
Lognormal (Arithmetic)	100.00%	19.33	6.02	Percentile:12.50; Percentile:25.30;
Lognormal (Log)	100.00%	2.92	0.30	Percentile:12.50; Percentile:25.30;
Gumbel	100.00%	16.53	4.83	Percentile:12.50; Percentile:25.30;
Pareto	100.00%	2.54	11.99	Percentile:12.50; Percentile:25.30;
Weibull	98.30%	4.00	21.56	Percentile:12.29; Percentile:25.30;

Guarde los datos si se desea:

Nombre Historical Loss Severity

Lista de Análisis Guardados: Guardar Como

Análisis

Historical Loss Severity
Subject Matter Expert Percentile

Nuevo   Borrar

Editar   Guardar

<   >

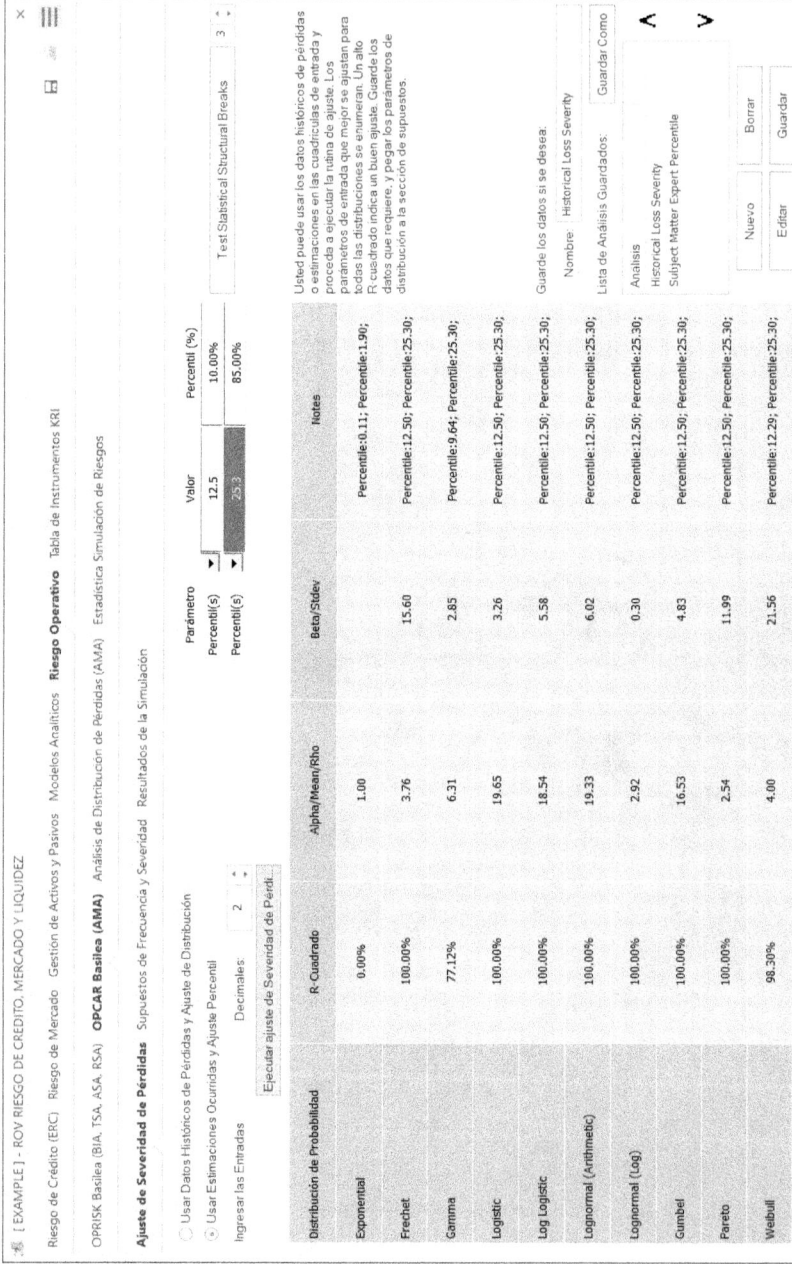

Figura 5.8: Ajuste do Percentil em relação à Gravidade da Perda- OPCAR, Basileia

BAIXAR E INSTALAR O SOFTWARE

Como as versões atuais do software são continuamente atualizadas, recomendamos que você visite o site da Real Options Valuation, Inc. e siga as instruções abaixo para instalar os aplicativos de software mais recentes:

- **Passo 1:** Visite **www.realoptionsvaluation.com** e clique em **Downloads** e Download de **Software** (Gráfico A). Você precisará se registrar aqui. Se você for um usuário da primeira vez (Tabela B) registre-se primeiro e receberá um e-mail automático em poucos minutos. (Se você não receber este e-mail de inscrição após a inscrição, envie uma nota para o seguinte e-mail: support@realoptionsvaluation.com)). Ao receber e-mails automáticos, navegue nesta página e assista aos vídeos de iniciação, estudos de caso e modelos de exemplo, que você pode baixar gratuitamente.

- **Passo 2:** Retorne a este site e DIGITE usando as credenciais de login recebidas por e-mail. Baixe e instale as versões mais recentes do **Risk Simulator** e do **Real Options SLS** nesta página. Links para download, instruções de instalação e informações de ID de hardware também aparecem nesta página (Gráfico C).

- **Passo 3:** Depois de instalar o software, inicie o Excel e você verá uma guia (Aba) **Risk Simulator**. Siga os passos na página da Web para obter instruções e envie um e-mail para support@realoptionsvaluation.com com sua ID do Hardware. Mencione o código **"MR3E 30 Dias"** para receber uma licença estendida e gratuita de 30 dias que você pode usar tanto no software SLS Opções Reais quanto no Risk Simulator.

Real Options Valuation

📷 📷 📷 📷

🌐 inglês | 🌐 Chinês (simplificado) | 🌐 Chinês (tradicional) | 🔴 francês | 🟦 alemão | 🟩 italiano
• japonês | 🔴 coreano | 🟩 Português (brasil) | 🟩 russo | 🟦 espanhol

Opções $ 0.00

CERTIFICADO CQRM | TREINAMENTO | CONSULTANDO | PROGRAMAS | LIVROS | TRANSFERÊNCIAS | COMPRA |

DOWNLOADS DE SOFTWARE

VÍDEOS DE INTRODUÇÃO E MODELAGEM

FOLHETOS DE PRODUTO

MODELOS DE AMOSTRA

ARTIGOS E ESTUDOS DE CASO

CENTRO DE DOWNLOAD

Você também pode visitar nosso site de download espelho se tiver problemas para fazer download desta pu

Bem-vindo ao centro de download da Real Options Valuation, Inc. Aqui você poderá baixar versões de test   ...pletas do software que
você adquiriu (informações de licença necessárias, para instalar essas versões completas), brochuras de pro   ...bers e vídeos de
treinamento de amostra para ajudá-lo a começar ao usar nosso software bem como modelos de amostra du   ...isk Simulator e Real
Options Super Lattice Solver.

COMEÇANDO E MODELANDO VÍDEOS

A seguir estão alguns vídeos de movimento ao vivo e narrados por voz que podem ser reproduzidos no seu computador usando o Windows Media Player ou outros
reprodutores de vídeo com capacidade de reprodução WMV. Você pode simplesmente clicar em qualquer um dos links abaixo para visualizar os vídeos em
streaming.

ROV SOFTWARE COMEÇANDO A VÍDEOS

Também temos alguns vídeos de introdução aos softwares Risk Simulator e Risk Simulator mais detalhados que você pode baixar e assistir. Esses vídeos totalizam
cerca de 2 horas. Para um treinamento ainda mais detalhado, confira nosso conjunto de 12 DVDs de treinamento (mais de 30 horas) ou nossos seminários práticos
de Certified in Risk Management (4 dias). A seguir estão os vídeos de introdução detalhados atualizados no Risk Simulator, apresentando todas as novas
ferramentas, como Auto ARIMA, GARCH, JS Curves, Cubic Spline, Máxima verossimilhança, Diagnóstico de dados, Análise estatística, Modeling Toolkit e muito
mais...

Figura A: Passo 1 - Site de Download de Software

CENTRO DE DOWNLOAD

Você também pode visitar nosso site de download espelho se tiver problemas para fazer download desta página

Bem-vindo ao centro de download da Real Options Valuation, Inc. Aqui você poderá baixar versões de teste de nosso software, versões completas do software que você adquiriu (informações de licença necessárias para instalar essas versões completas), brochuras de produtos, estudos de caso e white papers e vídeos de treinamento de amostra para ajudá-lo a começar ao usar nosso software, bem como modelos de amostra do Excel para usar com o software Risk Simulator e Real Options Super Lattice Solver.

VOCÊ É OBRIGADO A ENTRAR PARA VER ESTA PÁGINA.

Nome do usuário

Senha

CONECTE-SE   REGISTRO

Figura B: Registre-se caso seja a primeira vez

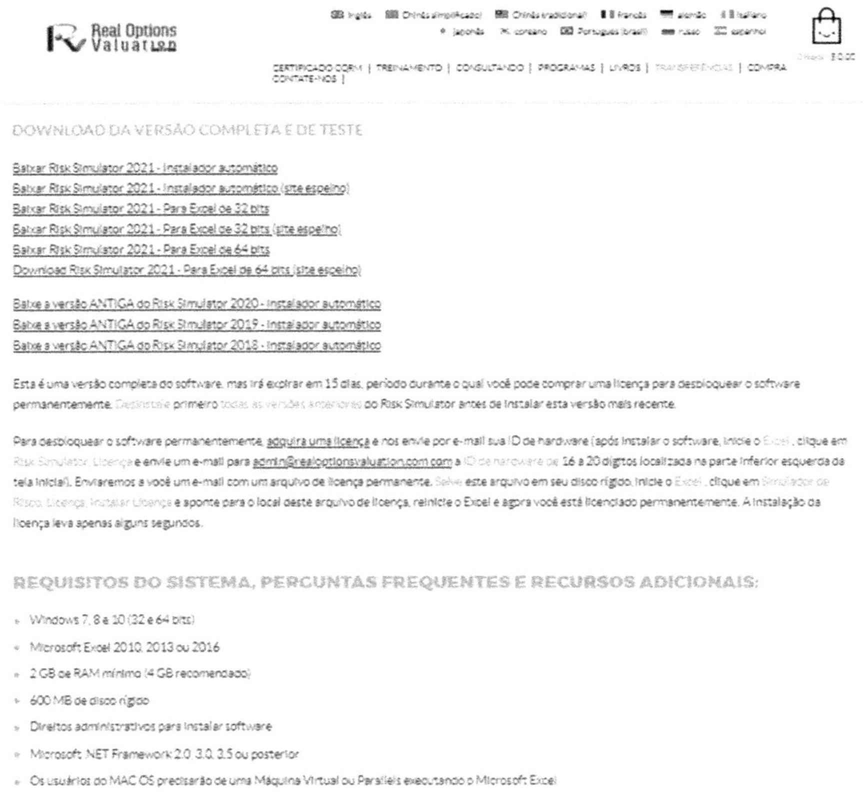

Real Options Valuation
inglês
Chinês simplificado
Chinês tradicional
francês
alemão
italiano
japonês
coreano
Português (brasil)
russo
espanhol
CERTIFICADO CQRM | TREINAMENTO | CONSULTANDO | PROGRAMAS | LIVROS | TRANSFERÊNCIAS | COMPRA
CONTATE-NOS |
DOWNLOAD DA VERSÃO COMPLETA E DE TESTE
Baixar Risk Simulator 2021 - Instalador automático
Baixar Risk Simulator 2021 - Instalador automático (site espelho)
Baixar Risk Simulator 2021 - Para Excel de 32 bits
Baixar Risk Simulator 2021 - Para Excel de 32 bits (site espelho)
Baixar Risk Simulator 2021 - Para Excel de 64 bits
Download Risk Simulator 2021 - Para Excel de 64 bits (site espelho)
Baixe a versão ANTIGA do Risk Simulator 2020 - Instalador automático
Baixe a versão ANTIGA do Risk Simulator 2019 - Instalador automático
Baixe a versão ANTIGA do Risk Simulator 2018 - Instalador automático
Esta é uma versão completa do software, mas irá expirar em 15 dias, período durante o qual você pode comprar uma licença para desbloquear o software permanentemente. Desinstale primeiro todas as versões anteriores do Risk Simulator antes de instalar esta versão mais recente.
Para desbloquear o software permanentemente, adquira uma licença e nos envie por e-mail sua ID de hardware (após instalar o software, inicie o Excel, clique em Risk Simulator, Licença e envie um e-mail para admin@realoptionsvaluation.com com a ID de hardware de 16 a 20 dígitos localizada na parte inferior esquerda da tela inicial). Enviaremos a você um e-mail com um arquivo de licença permanente. Salve este arquivo em seu disco rígido. Inicie o Excel, clique em Simulador de Risco, Licença, Instalar Licença e aponte para o local deste arquivo de licença, reinicie o Exoel e agora você está licenciado permanentemente. A instalação da licença leva apenas alguns segundos.
REQUISITOS DO SISTEMA, PERGUNTAS FREQUENTES E RECURSOS ADICIONAIS:
Windows 7, 8 e 10 (32 e 64 bits)
Microsoft Excel 2010, 2013 ou 2016
2 GB de RAM mínimo (4 GB recomendado)
600 MB de disco rígido
Direitos administrativos para instalar software
Microsoft .NET Framework 2.0, 3.0, 3.5 ou posterior
Os usuários do MAC OS precisarão de uma Máquina Virtual ou Parallels executando o Microsoft Excel

Figura C: Baixe links e instruções de ID de hardware

ÍNDICE

www.ingramcontent.com/pod-product-compliance
Lightning Source LLC
Chambersburg PA
CBHW060030210326
41520CB00009B/1075